Susanne Seethaler

Mit Buddha innere Fesseln sprengen

Einfach loslassen für ein
erfülltes und kreatives Leben

IRISIANA

Inhalt

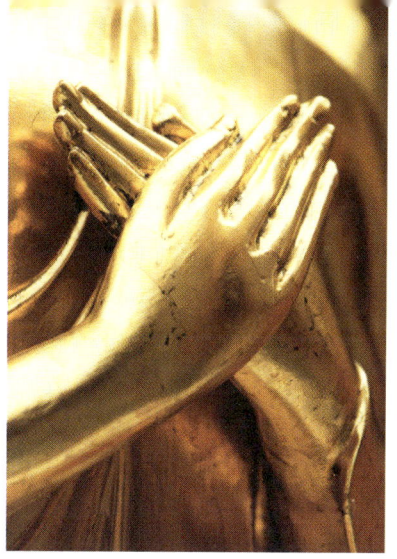

Vorwort

Gleich zu Beginn möchte ich Ihnen ein Geheimnis verraten: Ich konnte bis zum jetzigen Zeitpunkt meines Lebens – ich bin Mitte 40 – wahrlich nicht alle meine inneren Fesseln sprengen, geschweige denn, dass ich es immer geschafft hätte, alles Unangenehme und Schmerzliche loszulassen. Ich trage immer noch mein Päckchen, genau wie Sie vermutlich auch.

Ich habe Narben davongetragen, und einige Wunden, die mir das Leben oder unachtsame Mitmenschen zugefügt haben, reißen ab und zu wieder auf und bluten erneut. Ich kämpfe mit unerfüllten Sehnsüchten, hadere manchmal mit meinem Schicksal und denke in ganz dunklen Momenten, wenn kein Licht am Ende des Tunnels erkennbar ist, dass sich mein Therapeut unverdienterweise an mir eine goldene Nase verdient hat. Kommt Ihnen das irgendwie bekannt vor?

Es gibt leider noch eine »schlechte« Nachricht: Ihr Leben wird niemals perfekt sein! Oder wie es der Buddha einst so schön treffend formuliert hat: *»Es ist immer Sand im Getriebe!«*

Ich hoffe, dass Sie das Buch nun nicht gleich in die Ecke pfeffern werden. »Schon wieder so ein Ratgeber mit leeren Versprechungen«, höre ich Sie ärgerlich sagen. »Was für eine Bauernfängerei, ich will mein Geld zurück!« Stopp! Atmen Sie tief durch und lesen Sie bitte weiter. Geben Sie mir eine Chance, denn es gibt auch gute Nachrichten, warten Sie's ab.

Innere und äußere Fesseln

Wir alle suchen nach dem großen Glück, nach Erfüllung und Zufriedenheit im Leben. Dieses Streben ist uns Menschen und auch allen anderen fühlenden Wesen zutiefst zu eigen. Wir suchen nach innerer und äußerer Freiheit, wir möchten frei sein von Leid und Einengung jeglicher Art. Doch das Leben hält eben immer wieder unangenehme Überraschungen für uns bereit; es kommt oft in einem vollkommen anderen Gewand daher, als wir es uns wünschen. Im Grunde müssen wir zugeben, dass wir nichts oder nur sehr wenig unter Kontrolle haben. Genau das hat der Buddha mit seinem »Sand im Getriebe« gemeint. Wir haben zum Beispiel keinen Einfluss darauf, wie und wann unsere Liebsten – und wir selbst – sterben werden. Oder wir wähnen uns für immer und ewig glücklich in unserer Beziehung – und plötzlich eröffnet uns der Partner,

hindern, uns frei und ungehindert entfalten zu können. Um diese inneren Fesseln wird es auf den folgenden Seiten größtenteils gehen. Doch das Innere wird immer auch vom Äußeren beeinflusst, und deswegen werden wir nicht umhinkommen, uns auch mit dem Leid auseinanderzusetzen, das uns von außen trifft, uns schachmatt setzt und unsere Lebensgeister lähmt.

»Liebe Welt,
eines möchte ich nicht bedauern,
wenn ich auf dem Sterbebett liege:
dass ich dich nicht
genug geküsst habe!«
Hafis

dass er sich trennen will. Wir freuen uns auf einen sonnigen Urlaub in Italien – und dann regnet es zwei Wochen durch. Wir werden plötzlich krank oder verlieren unsere Arbeit oder die Wohnung. Es kann viel passieren, denn das Leben an sich ist fragil und ständig im Wandel. Und dann gibt es da noch die selbst kreierten Fesseln, die uns zusätzlich das Leben schwer machen und daran

Unsere äußeren Lebensumstände fungieren als Spiegel, die uns aufzeigen, wie es um unser Innerstes bestellt ist und wo unsere Blockaden sitzen. Diese Spiegel können wir im Umkehrschluss auch nutzen, um uns zu befreien: Der unachtsame Partner, der ungeliebte Job oder die viel zu dunkle Wohnung in schlechter Lage – all das können Zeichen sein, die uns auf unser gefesseltes Herz hinweisen wollen.

Meine Meditationslehrerin gab mir einst sehr weise Worte mit auf den Weg, die ich bis heute beherzige: *»Innere Befreiung kann man einüben!«* Das heißt, dass wir den negativen inneren Kräften (im Buddhismus gern als »unheilsam« bezeichnet) nicht wehrlos ausgeliefert sind. Wir können daran arbeiten, diese Fesseln zu sprengen oder zumindest so weit zu lockern und anzunehmen, dass wir uns freier bewegen können und dadurch Raum zum Atmen bekommen. Dennoch braucht alles seine eigene Zeit. Geduld und Mitgefühl mit sich selbst sind zwei wichtige Schlüssel zu einem selbstbestimmten, freien, erfüllten und auch kreativen Leben.

Vier Wege zur Befreiung

Im Laufe der Zeit habe ich herausgefunden, dass mein Weg zur inneren Befreiung eigentlich aus vier verschiedenen Wegen besteht, in die nun auch dieses Buch gegliedert ist: der Weg der Weisheit, der Weg der Befreiung, der Weg der Liebe und der Weg der Entspannung. Diese Wege laufen manchmal parallel nebeneinander, und

ich wechsle beliebig zwischen ihnen hin und her. Oder ich beschreite einen der Wege über einen längeren Zeitraum hinweg, bis sie sich plötzlich ineinander verflechten und ich das beglückende Gefühl habe, von mehreren gleichzeitig zu profitieren.

Sie sind – wie die wirklichen Wege und Straßen im Leben auch – mal

> *»Wenn du den ersten Schritt tust, kommt dir der Himmel entgegen.«*
> *Rumi*

holprig, mal schnurgerade. Sie sind gewunden, steil oder abschüssig, eng wie ein Nadelöhr oder breit wie ein amerikanischer Highway. Manchmal komme ich kaum vom Fleck oder nur langsam vorwärts, und hin und wieder kommt auf einem dieser vier Wege eine Kreuzung, ein Hindernis in meiner Übungspraxis oder die Sehnsucht nach ein paar Kilometern entspanntem Dahinwandern. Dann beschließe ich, eine Zeit lang in eine andere Richtung zu gehen beziehungsweise einen ganz anderen Pfad einzuschlagen.

Flexibel bleiben

Meiner Erfahrung nach ergibt es also wenig Sinn, einen der vier Wege stramm bis zum Ende durchzumarschieren, um dann auf den nächsten zu wechseln. Genau wie im wahren Leben, wo die individuellen Lebenswege auch nicht ohne Abkürzungen oder Spurwechsel bis zum Tode schnurgerade verlaufen, ist es ratsam, immer wieder Korrekturen in der Ausrichtung vorzunehmen oder zwei Wege schlichtweg parallel laufen zu lassen, um aus beiden das Beste herausziehen zu können.

Das bedeutet für Sie persönlich, dass Sie dieses Buch nicht von Anfang bis Ende strikt durcharbeiten müssen, sondern dass Sie sich die Freiheit nehmen können, immer dort einzusteigen, wo es sich gerade richtig anfühlt. Aber keine Angst, das Ganze ist gar nicht so kompliziert, wie es zunächst klingen mag. Wichtig ist nur, dass Sie lernen, genau hinzuspüren, welchen Weg Sie im jeweiligen Moment brauchen. Kleine Weisheits- und Alltagsgeschichten werden Ihnen dabei helfen, alles auf einer tieferen Ebene, nämlich nicht mit dem Verstand, sondern mit dem Herzen, zu verstehen.

Behutsam und geduldig sein

Ich bin nun schon seit über zehn Jahren auf diesem Übungsweg, und es ist mir bewusst, dass es ein Weg ist, den ich bis zu meinem Ende hier auf Erden gehen werde, denn Fallstricke und Fesseln können und werden auch in Zukunft überall lauern. Wie eingangs erwähnt, habe ich mich noch lange nicht von allem befreit, was mir innerlich im Wege steht, doch ich kann sagen, dass mich meine Fesseln nicht mehr so behindern wie früher – einige konnte ich sogar ganz ablegen und mit anderen habe ich Frieden geschlossen.

»Das Loslassen ist eher ein Seinlassen; es ist eher ein ›Ablegen‹ als ein ›Loswerden‹«, besagt eine berühmte buddhistische Weisheit. Genau dies ist auch meine Erfahrung. Seit ich begonnen habe, meine Fesseln behutsam abzulegen – und manchmal auch geduldig immer wieder aufs Neue (manche Fesseln haben ja komischerweise die Angewohnheit, immer wieder zurückzukommen) –, ist mein Alltag viel bunter und schöner geworden. Ich fahre nicht mehr mit angezogener Handbremse durchs Leben.

Auch die Tage, an denen ich mit meinem Schicksal hadere, weil ich dieses oder jenes nicht erreicht oder bekommen habe, halten sich mittlerweile in Grenzen beziehungsweise lassen sich besser aushalten.

Meine größte persönliche Errungenschaft über all die Jahre des Übens hinweg aber ist der Mut, den ich entwickelt habe, mein Leben so zu gestalten, wie ich es mir erträume. Denn mal ehrlich: Es gibt keinen wirklich triftigen Grund, an einem Beruf festzuhalten, den man nicht mag, oder in einer Partnerschaft zu leben, in der man am ausgestreckten Arm verhungert. Das Einzige, was uns in diesen Situationen hält, sind unsere inneren Blockaden, Ängste und Widerstände.

Manchmal falle ich natürlich auch heute noch auf die Nase, und es gelingt mir nicht alles. Aber im Großen und Ganzen lebe ich beruflich und privat ein sehr erfülltes und kreatives Leben. Und genau das wünsche ich auch Ihnen von ganzem Herzen.

Ihre Susanne Seethaler

Der Weg der
Weisheit

»Jedes Leben hat sein Maß an Leid. Manchmal bewirkt ebendieses unser Erwachen.«

Buddha

Es ist sinnvoll, erst einmal rein intellektuell zu verstehen, warum wir uns überhaupt mit inneren und mit äußeren Fesseln herumschlagen müssen. So können wir mehr Klarheit über unsere Situation gewinnen.

Uns selbst besser verstehen lernen

Buddhas Erklärung, was die Ursache von jeglichem Leid sei, ist für mich die stimmigste, die ich kenne. Diese Erklärung werde ich Ihnen gleich vorstellen. Und das Tolle daran ist, dass der Buddha uns gleich noch eine Anleitung mit an die Hand gibt, wie wir uns weitestgehend, wenn nicht sogar komplett, vom Leid befreien können. Ich persönlich bezeichne dieses »Erwachen«, von dem der Buddha in seinem Zitat oben spricht, eher als ein »Aufwachen« hinein in ein erfülltes und selbstbestimmtes Leben als Mensch:

ein Mensch, der in liebevoller, wechselseitiger Beziehung zu anderen Wesen und der Welt steht; der gelernt hat, mit seinem eigenen Leid und dem Leiden anderer angstfrei umzugehen, um frei im Fluss des Lebens mitfließen zu können. Oder wie es der große Laotse einst so schön formulierte: *»Die eins mit dem Tao sind, können gefahrlos gehen, wohin sie wollen. Selbst mitten in großem Leid nehmen sie den allumfassenden Einklang wahr, weil sie Frieden in ihrem Herzen gefunden haben.«* Dieses Tao beschreibt den natürlichen Fluss des Lebens, dem wir uns bedingungslos anvertrauen können.

Der erste Weg, der Weg der Weisheit, zeigt uns auf, was genau uns fesselt und einengt und warum wir meist ohne Frieden im Herzen leben. Die anderen drei Wege – der Befreiung, der Liebe und der Entspannung – beziehen sich auf diese Weisheit, vertiefen sie und bauen darauf auf.

Aus dem inneren Drama erwachen

Ein Beutel voller Gold

Eines Tages saßen Shiva und Sati, das himmlische Götterpaar, hoch droben am Rande des Himmels in ihrer Wohnung und schauten besorgt auf die Erde hinab. Schon seit Langem waren beide tief betroffen von den vielen Problemen, mit denen sich die Erdenbewohner herumschlugen, von der eigenartigen Kompliziertheit menschlicher Handlungen und Denkweisen und vom immerzu gegenwärtigen Leiden im Leben der Menschen.

An diesem Tag erblickte Sati beim Betrachten der Erde einen jämmerlich wirkenden Mann, der eine Straße entlangging. Seine Kleider waren schäbig und ärmlich und seine Sandalen waren mit einer Schnur notdürftig geflickt. Ihr Herz krampfte sich vor Mitgefühl zusammen. Tief davon berührt, wie redlich sich der Mann dort unten abmühte, wandte sich Sati an ihren göttlichen Gemahl und bat ihn darum, dem Wanderer ein wenig Gold zukommen zu lassen.

Shiva beobachtete den Mann ebenfalls eine Weile, dann sagte er: »Mein liebes Weib, das kann ich nicht.« Sati blickte erstaunt auf: »Wie meinst du das, mein Gemahl? Du bist der Herr des Universums. Wieso solltest du etwas so Einfaches plötzlich nicht mehr können?«

»Ich kann ihm kein Gold geben, weil er noch nicht bereit ist, es anzunehmen«, erwiderte Shiva.

Sati wurde ärgerlich: »Willst du damit sagen, dass du nicht in der Lage bist, einen Beutel mit Gold auf seinen Weg zu legen?«

»Natürlich bin ich dazu in der Lage«, konterte Shiva erzürnt, »aber es geht um etwas anderes!«

»Bitte, mein Gatte«, drängte Sati, »tu es mir zuliebe!«

Und da legte Shiva, noch ein ganzes Stück entfernt von dem Wanderer, einen Beutel mit Gold auf den Weg.
Währenddessen wanderte der Mann die Straße entlang und hing seinen Gedanken nach: »Ich wüsste gern, ob ich heute abend etwas zu essen bekomme – oder werde ich wieder hungrig schlafen gehen müssen?« Er fühlte sich müde und erschöpft und wünschte sich nichts sehnlicher, als endlich diesem Leben in Armut und Not zu entkommen. Nach einer Weile erreichte er eine Straßenbiegung und erkannte etwas unförmig Großes, das mitten auf dem Weg lag.
»Aha«, sagte er zu sich selbst, »sieh an, ein großer Stein. Welch ein Glück, dass ich ihn gesehen habe. Ich hätte sonst meine armen Sandalen wohl endgültig ruiniert.« Und vorsichtig stieg er über den Beutel mit dem Gold und ging seiner Wege.

Kommt Ihnen so eine Reaktion bekannt vor? Oftmals ist für uns die eigene innere Welt viel realer als das äußere Geschehen, auch wenn wir das auf den ersten Blick gar nicht wahr-haben wollen. Wir kreieren eine persönliche Innenwelt, an die wir glauben und mit der wir uns identifizieren. Ist das innere Bild – wie hier in der Geschichte – das eines armen Schluckers, der es nie auf einen grünen Zweig bringen wird, dann leben und handeln wir auch danach, selbst wenn wir das eigentlich gar nicht wollen und unter dieser Situation leiden. Wir wünschen uns nichts sehnlicher, als dass das Blatt des Schicksals sich wenden möge, können die Zeichen dafür aber nicht deuten, weil wir zu sehr in unsere Geschichte verstrickt sind und daran festhalten.

Der Weg des Buddha Siddhartha Gautama

Für den Buddha lag in diesem Festhalten, er nannte es »Anhaften«, die Ursache allen Übels. Für ihn war klar, dass das Anhaften uns daran hindert, frei zu sein und unser wahres Potenzial zu entfalten.

Innere und äußere Fesseln und Zwänge betreffen uns alle mehr oder weniger stark, und die Suche nach einem Ausweg beschäftigt uns deshalb seit Menschengedenken. Der junge Siddhartha Gautama bildete da vor mehr als 2500 Jahren keine Ausnahme.

Als soziale Wesen folgen wir naturgegeben unserem Herdentrieb und passen uns den gesellschaftlichen Normen an. Wer ausbrechen will, braucht Mut und Stehvermögen. Auch Siddharthas Weg war bereits vor seiner Geburt von der Familie festgelegt worden. Er sollte die Nachfolge seines Vaters antreten, der über einen kleinen nordindischen Landstrich herrschte. Die ersten Jahrzehnte seines Lebens fügte sich der Sohn. Er lebte ein behütetes Dasein im Palast, heiratete eine entfernte Cousine und bekam mit ihr einen Sohn, sodass die Thronfolge gesichert war. Doch dann, im Alter von 29 Jahren, erkannte er, dass jenseits der Palastmauern das wahre Leben brodelte. Auf heimlichen Ausflügen lernte er vor allem aber Menschen kennen, die litten. Er sah Arme und Kranke – und er wollte herausfinden, wo die Ursache für all dieses Leiden verborgen lag. Er verließ Elternhaus, Frau und Kind und begab sich auf eine Wanderschaft, die ihn nach sechs langen, asketischen Jahren zu dem berühmten Bodhibaum führte, unter dem er, in Meditation sitzend, letztendlich Erleuchtung und Befreiung von Leid fand. So wurde er zu einem Buddha, einem »Erwachten«.

*»Es gibt eine Vollkommenheit
tief inmitten allem Unzulänglichen.
Es gibt eine Stille tief inmitten
aller Rastlosigkeit. Es gibt ein Ziel
inmitten aller weltlichen Sorgen
und Nöte.« Buddha*

Auch wenn wir selbst in der Regel
nicht in eine adelige Familie hineinge-
boren wurden und unsere Berufung
nicht die Thronfolge ist, können wir
Siddharthas Leben durchaus mit dem
unseren und dem vieler anderer vergleichen. Auch wir haben uns den
Standort unserer Wiege nicht aktiv
ausgesucht, lässt man mal alle Re-
inkarnationstheorien beiseite.
Ich zum Beispiel wurde in eine gut
situierte Handwerkerfamilie hineinge-
boren. Als älteste zweier Töchter
sollte ich den Betrieb meines Vaters
einmal übernehmen, auch wenn ich
keinerlei Begabung, geschweige denn
Interesse dafür an den Tag legte. Die
erste »Fessel« war also schon per Geburt eng um mich festgezurrt.
Es hat viele Jahre gebraucht, mich
von dem Wunsch der Familie zu befreien und eigene berufliche Wege zu
gehen. Meiner Schwester, die nach
meiner Weigerung, mich für die Firma
zu engagieren, heldenhaft für mich

eingesprungen war, ging es ebenso.
Unser beider Befreiungsakt von den
Vorstellungen, die unser Vater von
unserem Berufsleben hatte, war mit
viel Schmerz und Verletzungen auf
beiden Seiten verbunden. Ich nehme
an, dass es dem jungen Siddhartha
und seiner Familie ähnlich erging,
auch wenn die Geschichtsbücher darüber schweigen. Wir sitzen also alle
im gleichen Boot, da bildete selbst der
Buddha damals keine Ausnahme.
Doch was genau hat Siddhartha denn
nun in jener Nacht unter dem Bodhibaum herausgefunden? Nachdem
er zum Buddha geworden war, fasste
er die Essenz seiner Erkenntnisse in
den folgenden »vier edlen Wahrheiten«
zusammen.

Buddhas vier edle Wahrheiten

1. Leben ist Leiden.
2. Die Ursache von Leid ist Verlangen.
3. Erlischt die Ursache von Leid, erlischt das Leiden.
4. Der achtfache Pfad führt aus dem Leid heraus.

Die erste edle Wahrheit:
Leben ist Leiden

»Dies nun, ihr Mönche, ist die edle Wahrheit vom Leiden: Geburt ist Leiden, Alter ist Leiden, Krankheit ist Leiden, Sterben ist Leiden, Kummer, Jammer, Schmerz, Trübsinn und Verzweiflung sind Leiden, getrennt sein von Liebem ist Leiden, was man verlangt, nicht zu erlangen, ist Leiden.«

Auf den ersten Blick erzählt uns der Buddha nichts Neues, oder? Wir alle haben das eine oder andere Leid schon am eigenen Leib erfahren. Die Dinge, die der Buddha uns da aufzählt, sind zeitlos und gehören zum Menschsein, zum Dasein als fühlende Wesen auf dieser Erde einfach dazu. Und genau darauf will er hinaus. Für den Buddha war nach seiner Erleuchtungserfahrung unmissverständlich klar, dass Leiden nicht nur intellektuell erkannt werden muss, sondern dass es allein verstanden werden kann, wenn es in seiner ganzen Tiefe erfahren und mit Hingabe »umarmt«

wird. Erst wenn wir bedingungslos annehmen, was immer auch gerade geschieht, und die Gefühle, die damit einhergehen, anerkennen und durchleben, können wir letztendlich auch wieder loslassen. Meine eigene Erfahrung ist sogar, dass dann, wenn ich das Unangenehme und das Schmerzvolle komplett und mutig annehmen kann, nicht *ich* aktiv den Schmerz loslasse, sondern dass der Schmerz *mich* ganz von allein aus seinen Klauen entlässt: Das Loslassen *geschieht* auf ganz natürliche Weise!

»Da ist das Leiden. Leiden sollte tief verstanden werden. Leiden wurde verstanden«, erklärte der Buddha seinen Mönchen weiter. In Hinsicht auf die erste edle Wahrheit bedeutete seine »Erleuchtung« also schlichtweg, dass der Buddha die Tatsache, dass er und alle anderen fühlenden Wesen immer wieder leiden werden, tief im Herzen verstanden und bedingungslos angenommen hatte. Aber das ist na-

türlich viel leichter gesagt als getan. In der Regel möchten wir jegliche Form von Leid, das uns das Leben schwer macht, und die Fesseln, die uns einengen, nicht wirklich erforschen – wir wollen beides nur so schnell wie möglich wieder loswerden.

Innere Fesseln entdecken

Unsere moderne westliche Gesellschaft ist regelrecht darauf ausgerichtet, wirklich große Themen wie Krankheit, Alter und Tod beiseitezuschieben oder gar zu verleugnen. Diese oftmals über viele Jahre hinweg erprobten Verdrängungsstrategien machen auch vor

leben, und wir sollen vor Gesundheit strotzen. Die »hässliche« Seite des Lebens hat da keinen Platz.

Im Grunde ist es auch immer sehr viel einfacher, einen Sündenbock für die eigenen Unzulänglichkeiten zu finden, als sich selbst aktiv und eigenverantwortlich den Problemen und inneren Schmerzenszuständen zu stellen. Es ist übrigens nichts Verkehrtes daran, sich mit therapeutischer Hilfe an emotionale Wunden aus der Vergangenheit, Übertragungen, alte Muster und Blockaden heranzuwagen. Im Gegenteil, ich selbst profitiere heute noch von den Jahren meiner eigenen therapeutischen Behandlung. Schon als junges Mädchen litt ich manchmal unter heftigen Angstzuständen; später

»Egal was geschieht, gib nie auf!
Entwickle dein Herz.«
Buddhistische Weisheit

leidvollen Gefühlen wie Depressionen, Einsamkeit, Verzweiflung und Stress nicht halt. Unser Alltag soll, einem perfekten Werbespot gleich, erfüllt sein von Schönheit, von materiellem Überfluss, von einer glücklichen Partnerschaft und einem intakten Familien-

als Erwachsene, als ich mich endlich traute, mich den alten Verletzungen zu stellen, hätte ich mich in diese dunklen Ecken meiner Seele niemals allein hineingewagt. Handeln Sie also immer zu Ihrem Besten und holen Sie sich gegebenenfalls Hilfe.

Übung: Ganz nah rangehen

Mit dieser Übung können Sie Ihre inneren Fesseln entdecken und verstecktes Leid erforschen.

In der nun folgenden Übung aber lassen wir uns von einem ganz anderen Ansatz, nämlich von der Weisheit des Buddha, leiten, der fest davon überzeugt war, dass wir den Großteil unserer Fesseln auch ganz allein sprengen können. Seine Herangehensweise an Probleme kann eine wertvolle Hilfe sein, um die blockierenden Strategien des Geistes besser zu verstehen. Nehmen Sie sich für diese und alle weiteren Übungen aus dem Buch genügend Zeit – oft braucht man mehrere Anläufe, bis der Kern des Leidens klar und deutlich hervortritt.
Letztlich ist solches Üben eine lebenslange Herausforderung, denn Probleme und unangenehme Erfahrungen werden uns immer wieder in neuen Formen begegnen. Selbst der Buddha war davor nicht gefeit, auch er musste sich bis zu seinem Tod mit irdischen Sorgen und Leid herumschlagen. Er ging nur anders damit um.

✳ Legen Sie das Buch einmal kurz beiseite und versuchen Sie, sich an eine Begebenheit zu erinnern, die Sie in letzter Zeit verärgert hat und die Sie immer noch innerlich beschäftigt.

Wenn Sie genau hinsehen, werden Sie feststellen, dass es viele kleine Dinge gibt, die Sie täglich mehr oder weniger plagen. Schon winzige, unangenehme Geschehnisse können einem ganz schön den Tag vermiesen.
Vielleicht war die Verkäuferin in der Bäckerei heute morgen geistesabwesend und beim Bezahlen missmutig – Sie haben es persönlich genommen und wurden wütend. Oder Sie warten seit Tagen auf ein Päckchen und werden allmählich ungeduldig. In Ihrer Vorstellung haben Sie schon mehrmals bei der Post angerufen, weil Sie den Zusteller verdächtigen, das Paket unterschlagen zu haben. Unsere Fantasie ist nahezu grenzenlos.

Im Folgenden geht es aber nicht darum, ob andere uns verletzen oder ungerecht mit uns umgehen oder nicht. Vielmehr geht es darum, den Fokus darauf zu lenken, wie festgefahren unsere Reaktionen auf solche Geschehnisse sind und was wir über die Dinge des Lebens im Allgemeinen denken. Bleiben wir beim Beispiel der unfreundlichen Verkäuferin. Sie verlassen jetzt vielleicht ärgerlich den Laden und erzählen zu Hause am Frühstückstisch von Ihrem Erlebnis. Im schlimmsten Fall haben Sie gar keinen Appetit mehr auf die frischen Brötchen.»So was darf nicht passieren, der Kunde ist schließlich König!«, sagen Sie dann später zu Ihrer Freundin am Telefon, die Ihnen auch noch eifrig zustimmt. Die Fessel zurrt sich zusammen. Und es wird noch schlimmer: Den ganzen Tag über kommt Ihnen diese Person, die Sie im Grunde ja gar nicht kennen, immer wieder in den Sinn, und immer wieder steigt dabei der Ärger über ihr blödes Verhalten auf. Sie können das Erlebte partout nicht loslassen, bis schließlich ein neues Problem um die Ecke kommt oder ein anderes, vielleicht glücklicheres Ereignis das alte überdeckt. Kommt Ihnen ein solches Szenario bekannt vor?

Der Badeanzug

Ich ging einmal in einen sehr eleganten Designerladen, um mir einen neongelben Badeanzug zu kaufen. Ich hatte ihn zwei Monate zuvor im Schaufenster gesehen und dann einige Wochen gebraucht, um das Geld dafür zusammenzusparen. Er war wirklich sehr teuer! Voller Vorfreude betrat ich also den Laden und sah beglückt das Objekt meiner Begierde gleich an einer der spärlich bestückten Stangen am Eingang hängen. Meine größte Befürchtung war gewesen, dass er vielleicht ausverkauft sei. Eine eifrige Verkäuferin kam auf mich zu, um mir zu helfen.
»Haben Sie den hier auch in Größe 38?«, fragte ich lächelnd. »Das hier ist eine 32, da passe ich nicht rein.« Die Verkäuferin musterte mich von Kopf bis Fuß, dann erwiderte sie säuerlich:»Wir haben die großen Größen grundsätzlich im Lager. Mal schauen, ob ich da überhaupt was machen kann.«
Die großen Größen!!! Mir blieb die Luft weg. Ich fühlte mich schlagartig gedemütigt, und als die Dame mit dem Badeanzug in meiner

Größe zurückkam, war all meine Freude bereits verflogen. Ich quetschte mich in der engen Kabine in das sündhaft teure Teil und fühlte mich fett und unansehnlich. Letztendlich kaufte ich den Badeanzug – schon allein deshalb, weil ich mir in dem Laden keine weitere Blöße geben wollte, doch getragen habe ich ihn nur ein- oder zweimal. Das Verhalten der Verkäuferin beschäftigte mich damals noch lange. Und selbst heute kann ich mich noch lebhaft an mein Gefühl der Scham erinnern.

✳ Die eigentliche Übung besteht nun darin, dass Sie sich in Zukunft immer wieder solche kleinen, unangenehmen Alltagsszenen, die wie winzige Stiche unter die Haut gehen können, vergegenwärtigen – also »ganz nah rangehen« –, um sie sofort zu untersuchen.

✳ Halten Sie während oder kurz nach einer solchen Begebenheit inne und reflektieren Sie, was da gerade geschieht oder geschehen ist. Stellen Sie sich dem Geschehen wenn möglich sofort und verschieben Sie es nicht auf später.

✳ Scannen Sie Ihre Gefühlslage und die dazugehörige Gedankenwelt, die sich augenblicklich und scheinbar aus dem Nichts um die Erfahrung herum aufbaut: Welche Gefühle werden geweckt? Was genau in Ihnen wurde soeben verletzt? Warum tut es weh? Woran bleiben Sie gedanklich hängen?

Um sich der eigenen inneren Welt mit all ihren Fallstricken bewusst zu werden, ist es wichtig, die aufsteigenden Gefühle nicht gleich unkontrolliert auszuagieren, auch wenn ein Wutausbruch in einer ungerechten und verletzenden Situation vielleicht angemessen erscheint und mit Sicherheit auch vorübergehend Erleichterung verschafft. Aber der Weg des Buddha ist in dieser Hinsicht das Innehalten und die Innenschau, nicht das sofortige Agieren. So lernen Sie sich genau kennen und erfahren, was sich in Ihrem Herzen wirklich abspielt!

In einer zweiten Übung – sie baut auf die vorhergehende auf und vertieft sie – können Sie gleich die Gedankenmuster noch genauer ergründen, die sich in der Regel um so gut wie jede Leidenserfahrung bilden.

Übung: Unheilsame Gedanken

Suchen Sie sich für die folgende Schreibübung schon jetzt einen ruhigen Platz im Sitzen. Sorgen Sie dafür, dass Sie in den nächsten Minuten nicht gestört werden, und legen Sie einen Stift und eventuell Papier bereit.

Übungsvorbereitung

✳ Setzen Sie sich aufrecht, aber bequem hin und nehmen Sie ein paar bewusste Atemzüge.

✳ Spüren Sie genau in Ihr Inneres hinein: Bedrückt Sie im Moment etwas, stehen Sie unter Stress? Wie fühlen Sie sich generell?

✳ Versuchen Sie in diesen Minuten, für Ihre eigenen Sorgen und Nöte für Ihr Herz! – ganz da zu sein, richten Sie dabei aber den Fokus hauptsächlich auf die Gedanken, die sich um diese Nöte scharen. Hören Sie ihnen genau zu.

Im Fall der Bäckereiverkäuferin könnten die Gedanken wie folgt lauten: »Sie hätte nicht so unfreundlich sein dürfen, schließlich bin ich hier Stammkunde.« Oder: »Was nimmt sich diese Frau heraus, ich werde mich beschweren!« Oder: »Ich bin immer so freundlich zu ihr gewesen, warum behandelt sie mich jetzt so unwirsch?« Ein anderes, persönlicheres Szenario könnte sich aber auch wie folgt anhören: »Mein Partner sollte sich mir gegenüber anders verhalten; er muss doch bemerken, dass er mich verletzt!« Oder: »Ich habe recht, was bildet der sich ein!« Oder: »Wenn sie wirklich meine beste Freundin wäre, dann hätte sie mir das nicht angetan.« Und so weiter.

✳ Egal, welchen Vorfall Sie wählen, schauen Sie sich die Gedanken dazu genau an und beobachten Sie, wie sie immer wieder aufsteigen, um das Feuer anzufachen.

Wie bereits erwähnt, ist es die Natur der Dinge, dass andere uns manchmal ungerecht behandeln oder verletzen – so wie auch wir, gewollt oder ungewollt, anderen wehtun. Diese Übung will aber aufzeigen, dass wir das Leiden durch unsere Gedanken unnötig und zusätzlich in die Länge ziehen. Ja, oftmals kreieren die Gedanken erst das Leid.

Werten und Festkleben

Noch mal zurück zur Verkäuferin in der Bäckerei: Bei allem, was wir erleben, teilt unser Geist binnen Millisekunden das Geschehen in gut oder schlecht, angenehm oder unangenehm ein. Das passiert ganz automatisch und dagegen ist auch erst mal nichts einzuwenden. Wir brauchen diese Funktion des »Sortierens« sogar, um uns im Alltag gut zurechtfinden zu können.

Schwierig wird es nur dann, wenn wir diesen inneren Beurteilungen zu viel Glauben schenken, sodass wir keine Bereitschaft mehr in uns verspüren, die Wahrheit zu hören oder zu sehen. Würden wir die Verkäuferin aber zum Beispiel fragen, ob die Laus, die ihr über die Leber gelaufen ist, tatsächlich etwas mit uns zu tun hat, dann bekämen wir vielleicht eine überraschende Antwort, die überhaupt nichts mit unserer Person zu tun hat. Vergessen Sie nicht: Auch die Verkäuferin trägt ihr Päckchen an Sorgen und Problemen mit sich herum.

Außerdem werden diese inneren Beurteilungen von vielen bestätigenden Gedanken genährt. Diese Gedanken und Ausschmückungen bewirken, dass wir an dem Erlebten festkleben wie die Fliegen. Nähmen wir das Erlebnis mit der missmutigen Verkäuferin als eine in sich abgeschlossene Erfahrung an, wäre danach einfach Schluss und wir wären offen für die nächste Überraschung, die uns das Leben bietet. Aber dadurch, dass wir dem Ganzen immer wieder gedanklichen Zunder geben, kommen wir aus der Nummer sehr viel schwerer raus. Natürlich werden wir in solch einer Situation wütend und fühlen uns ungerecht behandelt. Aber nichts spricht dagegen – statt auf das Gedankenkarussell aufzuspringen, um ein paar unnötige Runden zu drehen –, uns gleich diesen Gefühlen zu stellen, um danach erleichtert unserer Wege zu gehen. Vielleicht schaffen wir es dann sogar, die Verkäuferin freundlich auf ihr Verhalten hinzuweisen, ohne selbst verletzend zu werden.

Übung: Was geht da ab?

Diese Übung können Sie immer und überall praktizieren. Es geht darum, jene unheilsamen Gedanken aufzuspüren, die fast immer mit dem Leiden einhergehen und die der Hauptgrund dafür sind, dass wir nicht loslassen können oder wollen.

Wenn Sie immer wieder aufs Neue Ihre Gedanken anschauen und prüfen, entsteht eine innere Weite, die letztendlich zum Loslassen führt.

✳ Um zunächst einmal Klarheit und einen Überblick über Ihre inneren Blockaden zu gewinnen, beginnen Sie damit, sich alle Probleme und Ärgernisse, die Sie aktuell belasten, zu notieren.

✳ Daneben oder darunter notieren Sie die dazugehörigen, immer wiederkehrenden negativen, mitunter auch abwertenden Gedanken und Urteile, die Ihre Sorgen und Nöte nähren und die Sie daran hindern, innerlich loszulassen.

Sie können dies auf den folgenden Seiten oder auf einem Blatt Papier tun.

Oder Sie kaufen sich, so wie ich es persönlich mache, ein kleines Heft mit leeren Seiten, in das Sie Ihre immer wiederkehrenden Gedanken regelmäßig notieren. So lassen sich alte Glaubenssätze und Muster mit der Zeit viel leichter erkennen.

Wenn Sie diese Übung regelmäßig praktizieren, werden Sie, wie bereits erwähnt, vermehrt auf alte Gedankenmuster, Glaubenssätze und Blockaden stoßen, die im Verborgenen Ihr Leben beeinflussen und Sie daran hindern, sich frei und ungehindert zu entfalten. Machen Sie sich diese negativen Gedanken bewusst, kontemplieren oder reflektieren Sie darüber: Prüfen Sie sie auf ihren Wahrheitsgehalt!

Beobachten Sie die Gefühle, die parallel zu diesen Gedanken aufsteigen, ohne sie auszuagieren oder sie gar beeinflussen zu wollen. Bleiben Sie stets wie ein Fels in der Brandung und der stille Beobachter des Ganzen.

Alles möchte von Ihnen unerschrocken gesehen und erkannt werden, damit es heilen und ohne Anstrengung von selbst gehen kann. Sie können erst dann eine klare Entscheidung für Ihr eigenes Wohl treffen, wenn Sie all Ihren Gefühlen und Gedanken mutig und ehrlich begegnet sind.

NEGATIVE GEDANKEN AUFSPÜREN

✳ Schreiben Sie alle blockierenden, fesselnden Gedanken, all Ihre Ärgernisse, Probleme, Unzulänglichkeiten und Blockaden auf.

✳ Notieren Sie dazu alle negativen, mitunter auch abwertenden Gedanken und Urteile, die Ihre Sorgen und Nöte nähren und die Sie daran hindern, innerlich loszulassen.

EIN BEISPIEL

PROBLEM: *Ich bin unglücklich in meinem Job.*

GEDANKEN DAZU:

Ich kann nichts anderes; ich habe nichts anderes gelernt.

Ich bin zu alt, um noch mal von vorn anzufangen.

Ich ignoriere das jetzt einfach und warte aufs Wochenende (auf den

nächsten Urlaub), um mich zu entspannen.

Hauptsache, ich bin versorgt und bis zur Rente abgesichert …

PROBLEM: ....

GEDANKEN DAZU: ....

....

....

....

....

PROBLEM: ....

GEDANKEN DAZU: ....

....

....

....

....

PROBLEM: ....

GEDANKEN DAZU: ....

....

....

....

....

....

Über Vorurteile und Holzwege

Ich möchte Ihnen zum Abschluss unserer ersten beiden Übungen zwei Geschichten direkt hintereinander erzählen, die uns die unterschiedlichen Aspekte »fesselnder« Gedanken sehr eindrücklich aufzeigen.

Anhand der ersten Geschichte können Sie noch einmal gut erkennen, wie schnell wir auf den Holzweg geraten, wenn wir unseren Gedanken und Gefühlen einfach ungeprüft folgen, ohne die Wahrheit zu erfragen, und wie wir uns dadurch selbst emotional »fesseln«, zum Beispiel durch unbegründeten Ärger.

Diese oder ähnliche Situationen kennen wir alle zuhauf: Wir basteln uns unsere eigenen Urteile zurecht, ohne sie mit der Realität abzugleichen – und leiden dann folglich an den eigenen Hirngespinsten. Denn genau wie der Protagonist in unserer Geschichte können wir oft nicht wissen, was hinter dem Tun der anderen Menschen wirklich steckt.

Wir wissen also schlichtweg nicht, warum vielleicht der Mann hinter uns auf der Autobahn mit seinem Wagen so aggressiv drängelt und uns dadurch verunsichert und wütend macht. Vielleicht ist es gar keine unverantwortliche Leidenschaft zur Raserei, wie wir ärgerlich vermuten. Vielleicht hat er soeben erfahren, dass ein geliebter Angehöriger einen Unfall hatte, und er möchte so schnell wie möglich zum Krankenhaus gelangen; Angst und Schmerz treiben ihn dazu an, wie ein Irrer zu rasen und sich selbst und andere dabei zu gefährden.

Es sind unsere inneren Geschichten, Gedankenwelten und eigenen Realitäten, aber auch unsere Widerstände gegen das, was wirklich ist, die uns daran hindern, freundlich und offen zu sein – und genau das ist es auch, was uns letztendlich davon abhält, ungehindert mit dem Fluss des Lebens zu fließen.

Auch die zweite Geschichte zeigt uns sehr anschaulich, wie einengend es wirkt, wenn der Geist an seinen Geschichten und Gedanken oder an persönlichen und kulturellen Vorstellungen, Überzeugungen und Verurteilungen unnötig lange festhält.

Die Frau an der Kasse

Während eines vierwöchigen Meditationskurses, den ich vor einigen Jahren in Kalifornien besucht habe, erzählte uns unser Meditationslehrer James eines Abends folgende »Gutenachtgeschichte«, die mich allerdings danach lange nicht einschlafen ließ, weil ich mich in dem Protagonisten John so sehr wiedererkannt hatte. Es ist eine wahre Geschichte, die James' bestem Freund John widerfahren ist:

John hatte es an diesem Tag sehr eilig. Er war spät dran und hatte seiner Frau versprochen, auf dem Nachhauseweg von der Arbeit im Supermarkt noch schnell ein paar Lebensmittel einzukaufen. Schon von Weitem sah er, dass es einen Stau am Ausgang gab. Eine lange Schlange hatte sich an der einzig besetzten Kasse gebildet. Johns Stimmung war schlagartig im Keller. In sich hinein grummelnd stellte er sich hinten an und wartete ungeduldig darauf, endlich seine Waren auf das Band legen zu können. Doch es ging überhaupt nicht vor-

wärts. Einige Menschen begannen zu murren, und es wurde laut nach der Öffnung einer weiteren Kasse verlangt. John wurde immer ärgerlicher. Als die Schlange endlich etwas aufrückte, sah er, dass es einen Grund für die Verzögerung gab: Eine alte Dame stand vorn an der Kasse und lachte mit der jungen Frau, die eigentlich zügig abkassieren sollte. Die Dame hatte einen kleinen Jungen auf dem Arm, der mit strahlendem Gesicht an einem bunten Lolli lutschte.
Die beiden Frauen scherzten und sprachen miteinander, scheinbar

ohne auf die immer ungeduldiger
werdenden Wartenden zu achten.
John bemerkte, wie Wut in ihm
hochschoss. In seinem Kopf begann
sich ein Gedankenkarussell zu
drehen. Er beschimpfte die junge
Kassiererin im Stillen und stellte
sich vor, wie er sich beim Inhaber
des Supermarkts beschweren würde. Er malte sich die Geschichte
genau aus – vom ersten Anschiss an
der Kasse bis hin zur Kündigung
der jungen Frau. Dabei unterstellte
er der Kassiererin, dass sie faul
sei und überhaupt kein Verantwor-
tungsgefühl hätte.

Als er dann auch noch beobachtete,
wie sie das Kind vom Arm der
Kundin nahm, um es zu umarmen,
nahm er sich vor, tatsächlich ein
paar ernsthafte Worte mit ihr über
den schlechten Kundenservice in
diesem Laden zu sprechen. Er
konnte es kaum erwarten, der jungen Frau die Leviten zu lesen.
Nach einer gefühlten Ewigkeit
stand er endlich vor ihr. Mit einem
leisen Lächeln zog sie seine Lebensmittel über den Scanner.
»Wissen Sie, wer das gerade war?«,
fragte sie ihn und schaute strahlend
zu ihm auf.

John, der soeben im Begriff war, seinem Ärger Luft zu machen, schüttelte überrascht den Kopf: »Nein!«
»Das war meine Mutter mit meinem
kleinen Sohn. Sein Vater hat uns
noch vor der Geburt verlassen. Also
musste ich sehr schnell wieder arbeiten gehen. Ohne meine Mutter
ginge das gar nicht. Sie passt auf
ihn auf.«
John wurde rot. Die Wangen brann-
ten ihm vor Scham. Er dachte an
seine innerliche Schimpftirade.
»Einmal am Tag bringt sie ihn zu
mir. Sie kauft dann immer eine
Kleinigkeit und stellt sich an der

Kasse an, damit ich ihn kurz sehen und in den Arm nehmen kann. Das ist der schönste Moment des Tages für mich!«

Das Strahlen in ihren Augen wurde noch leuchtender. »Ich bin jedes Mal so dankbar für die Geduld der Kunden – und auch mein Chef drückt ein Auge zu. Ich weiß, dass das in anderen Läden nicht möglich wäre. Haben Sie einen schönen Tag, Mister!«

Von jenem Tag an begann John, die junge Frau an der Kasse regelmäßig anzusprechen und sich nach ihr und dem kleinen Jungen zu erkundigen. Mittlerweile hat sich eine richtige kleine Freundschaft daraus entwickelt.

Wie oft urteilen wir vorschnell oder reagieren intolerant – immer nur unser eigenes Wohl im Blick. Als ich Johns Geschichte zum ersten Mal hörte, fühlte ich mich ertappt. Sehr oft passiert mir im Alltag Ähnliches: Ich bewerte, ohne groß nachzudenken. Und dann nageln mich meine unbegründeten Gefühle und Gedanken schmerzhaft fest, genau wie bei John und wie bei dem jungen Mönch in der nächsten Geschichte.

Der junge Mönch und das schöne Mädchen am Fluss

Ein alter Mönch und sein junger Ordensbruder gingen eines Tages gemeinsam von ihrem täglichen Bettelgang in der Stadt zum Kloster im Wald zurück. Auf ihrem Weg mussten sie an einer seichten Stelle den Fluss überqueren, der eine natürliche Grenze zum weitläufigen Klosterareal bildete.

Als die beiden an dem träge fließenden Gewässer ankamen, sahen sie ein schönes, junges Mädchen am diesseitigen Ufer stehen. Neben ihr stand ein großer, geflochtener Korb, der bis oben hin mit Gemüse angefüllt war, und sie schaute besorgt aufs Wasser.

»Was tust du da?«, fragte der alte Mönch.

»Ich muss in das Dorf, das ein paar Meilen hinter eurem Kloster liegt, um dieses Gemüse meiner Tante zu bringen«, sagte die junge Frau schüchtern. »Sie ist krank. Aber obwohl mir diese Stelle hier sehr seicht zu sein scheint, traue ich mich allein nicht über den Fluss.«

Sie war den Tränen nahe.
»Ach, nichts leichter als das«, erwiderte der Ältere. »Ich nehme dich auf meinen Rücken und trage dich hinüber. Mein Bruder hier wird deinen Korb nehmen.«
Gesagt, getan. Der Mönch nahm das Mädchen huckepack und trug sie sicher über den Fluss. Dort verabschiedete sich die junge Schönheit von ihren beiden Rettern mit einer respektvollen Verneigung und verschwand, den Korb anmutig auf dem Kopf balancierend, auf dem schmalen Trampelpfad, der zwischen den Bäumen hindurch zum Dorf führte.
Die beiden Mönche setzten ihren Weg zum Kloster schweigend fort.

Doch der alte Mönch bemerkte recht bald, dass es in seinem Gefährten regelrecht brodelte.
»Was hast du denn?«, fragte er den Jüngeren und blieb stehen, um ihm in die Augen zu sehen.
»Hast du denn unsere Gelübde vergessen?«, brach es aus dem jungen Mann wütend heraus. »Wir dürfen keine Frauen berühren, geschweige denn über einen Fluss tragen! Du hast unsere Ordensregeln aufs Schmählichste gebrochen!«
Der alte Mann sah seinen jüngeren Bruder mitfühlend an.
»Weißt du, mein Lieber«, sagte er mit einem leisen Lächeln, »ich habe die Frau am anderen Ufer abgesetzt und mich von ihr verabschiedet. Du hingegen trägst sie immer noch!«

Auch religiöse beziehungsweise kulturelle Wertvorstellungen können uns, wenn wir ihnen allzu eifrig nacheifern und dadurch den Blick auf das Wesentliche verlieren, fesseln und einengen. Immer wenn wir uns allzu sehr festbeißen, vor allem auch in spirituellen, religiösen oder philosophischen Dingen, begrenzen wir uns innerlich, obwohl wir uns dadurch eigentlich Weite und ein offenes Herz erhoffen.

Die zweite edle Wahrheit: Die Ursache von Leid ist Verlangen

»Da ist Leiden …«, hat der Buddha gesagt. Das ist Fakt. Wir Menschen sind fragile, zerbrechliche Wesen und leiden auf mannigfache Weise. Das Leiden zu leugnen ist sinnlos. Doch das Problem ist, dass wir es entweder sofort loswerden wollen, es verdrängen oder unterdrücken oder dass wir es eben durch unser Denken unnötig lange mit uns herum»tragen«.

In unserem Dasein als Menschen auf dieser Erde geht es vorwiegend um Gefühle; um sie dreht sich fast alles. Der Buddha hat herausgefunden, dass wir vor allem dann leiden, wenn wir unangenehmen Gefühlen aus dem Weg gehen wollen, aber auch dann, wenn wir das Angenehme – mit seinen begleitenden Gefühlen – unbedingt behalten wollen oder den positiven Emotionen und Gefühlen permanent hinterherjagen.

Die zweite edle Wahrheit, die sich dem Buddha offenbart hat, bringt die Ursache von Leiden prägnant auf den Punkt: *»Dies nun, ihr Mönche, ist die edle Wahrheit von der Leidensentwicklung: Es ist dieser Durst [auch mit »Verlangen« zu übersetzen, Anm. d. Autorin], … der Daseinsdurst und der Nichtseinsdurst. Wodurch entsteht und gedeiht dieser Durst? Wo immer etwas ist, das liebenswert und erfreulich erscheint, da entsteht und gedeiht dieser Durst. Dies ist die edle Wahrheit von der Leidensentwicklung.«*

Unsere heutige digitalisierte Welt ermöglicht es uns quasi per Mausklick, uns selbst stets glücklich und begehrenswert darzustellen, um das Unschöne einfach auszublenden. Virtuelle Plattformen wie Facebook oder

Twitter quellen über von positiv inszenierten Profilen und spiegeln dieses »Verlangen«, von dem der Buddha spricht, in seiner modernen Fassung anschaulich wider. Sich im Gegenzug »ungeschönt« und offen anzuschauen, was uns leiden lässt, erfordert Mut. Denn mal ehrlich: Wir lassen uns doch sehr gern von den angenehmen Dingen des Lebens ablenken oder verlieren uns viel lieber in Tagträumen, Hoffnungen und Sehnsüchten, als uns den dunklen Mächten und einengenden Fesseln in uns ohne Wenn und Aber zu stellen, oder? Wir geben uns dem »Durst«, von dem der Buddha zu seinen Anhängern sprach, gern hin – und genau das lässt uns seiner Auffassung nach leiden.

Meiner Meinung nach umspannt dieses Verlangen aber ein weitaus größeres Feld als nur die Sehnsucht nach den schönen Seiten des Lebens. Der Durst, der uns alle plagt, ist der »Durst« nach Leben, nach dem Lebendigsein an sich. Und darunter liegen die Angst vor dem Tod, Existenzängste, Angst vor Krankheit, Angst vor Verlust, Angst vor Neuem. Dies alles versteckt sich tief unter dem Streben nach einem sorgenfreien und glücklichen Dasein.

Doch der Weg raus aus der Misere führt mitten durch sie hindurch, das hat der Buddha schon vor mehr als 2500 Jahren erkannt!

»Der Ursprung des Leidens ist das Anhaften an das Verlangen. Verlangen sollte losgelassen werden. Verlangen wurde losgelassen«, fasste der Buddha die zweite edle Wahrheit kurz zusammen.

Er selbst hatte also den Vorgang des Verlangens zuerst vollkommen verstanden und angenommen, um diesen brennenden Durst, aber vor allem das Anhaften daran, dann für immer loszulassen.

Können wir das auch? Und wenn ja, wird unser Leben – so ganz ohne Durst und Begehren – danach nicht trostlos und ohne sinnliche Freuden sein? Wollen wir diese Fesseln überhaupt sprengen?

Die Trilogie des Verlangens

Schauen wir uns zunächst das Verlangen, so wie Buddha es verstanden hat, genauer an. In der buddhistischen Welt wird das Verlangen, der »Durst«, in drei Facetten unterteilt:

Da gibt es zum einen das ganz simple sinnliche Begehren: Wir lechzen nach körperlichen und geistigen Sinnesfreuden und sind ständig auf der Suche nach Dingen, die uns auf die eine oder andere Weise »erregen«, befriedigen und glücklich machen. An diese Erlebnisse klammern wir uns und wollen mehr davon (siehe Kasten).

Die nächste Gruppe des Begehrens umfasst all unsere Sehnsüchte und Hoffnungen, *jemand* oder *etwas* anderes zu werden, als wir sind. Der Buddha bezeichnete dies als den »Durst nach Werden«, gleich gefolgt von der dritten Kategorie, nämlich dem Verlangen, unangenehme Dinge, die uns bei unserer Entwicklung im Wege stehen, loszuwerden.

Doch zunächst zum Streben nach »Werden« – meiner Meinung nach auch so ein Urtrieb, der uns antreibt und der auch viel Positives mit sich bringen kann. Er gibt uns zum Beispiel die Kraft, uns aus unheilsamen Lebensumständen zu befreien.

Verlangen Nr. 1: Sinnliches Begehren

Versuchen Sie mithilfe einer kleinen Übung, ein Gefühl für die erste Facette des Verlangens, das sinnliche Begehren, zu bekommen:

• Wenn Sie sich das nächste Mal zu Tisch setzen, achten Sie ganz genau auf Ihre Reaktionen beim Essen. Gibt es zum Beispiel etwas, das Ihnen schmeckt, dann können Sie sich selbst dabei beobachten, wie durch die Wonne des guten Geschmacks Verlangen und »Anhaften« entsteht: Sie wollen mehr davon! Wenn Sie tiefer schauen, dann können Sie das Verlangen selbst dann erkennen, wenn es Ihnen *nicht* schmeckt – in Ihrem Geist entsteht schnell das Verlangen nach etwas anderem.

Testen Sie am eigenen Körper, wie sich dieses Verlangen nach Vergnügen anfühlt. Sei es beim Sex, beim Essen, beim Schauen Ihrer Lieblingsserie im Fernsehen oder bei einem Naturschauspiel. Sie wollen mehr davon oder das Erlebnis im besten Falle »für immer« oder zumindest eine Zeit lang festhalten.

Schwierig wird es nur, wenn wir uns zu sehr auf dieses Anders-werden-wollen versteifen und uns davon vollkommenes Glück versprechen, wenn wir uns also an unserer Vorstellung des Werdens festklammern – oder eben »anhaften«, wie es der Buddha so schön ausdrückt. Im Alltagsleben sind das zum Beispiel Wünsche wie: »Ich will einen Partner, Kinder oder einen tollen Job haben« – beziehungsweise: »Ich muss diese Dinge erreichen, um glücklich sein zu können.«

Im spirituellen Leben kann es die Sehnsucht sein, eine höhere Bewusstseinsstufe oder die Erleuchtung zu erlangen (siehe Kasten).

Und schon sind wir beim dritten Aspekt des Verlangens angekommen, dem Loswerden. Da Sie dieses Buch gekauft haben, in dem es im Grunde ja auch ums Loswerden geht, nämlich um das Sprengen allzu enger Fesseln, sind Sie mit dieser Kategorie sicher mehr oder weniger vertraut.

Verlangen Nr. 2: Etwas werden wollen

In einer kleinen Übung können Sie dieses Verlangen ergründen: Gerade in der Ratgeberwelt, zu der ja auch dieses Buch zählt, suchen wir Hilfestellung, um Veränderungen herbeizurufen. Wir wollen anders werden! Manche von uns meditieren, um gelassener zu werden, oder arbeiten ehrenamtlich, um ein besserer Mensch zu sein. Wir machen Sport, um den Körper zu stählen, oder halten Diät, um abzunehmen.

• Überlegen Sie sich, was genau Sie verändern beziehungsweise wer oder was Sie »werden« wollen. Versuchen Sie, ein Gespür für die Antriebskraft hinter Ihrem persönlichen Wunsch zu bekommen.

• Beobachten Sie dieses Gefühl, etwas anderes werden oder sein zu wollen, als Sie jetzt gerade in diesem Augenblick sind. Wie sehr haben Sie sich in der letzten Zeit darauf fixiert? Was versprechen Sie sich davon? Hoffen Sie, dass dadurch »alles anders oder besser wird«, dass Sie dadurch Dinge loswerden können? Spüren Sie dem Drängen dahinter nach.

Was wollen wir nicht alles loswerden! Manche von uns wollen bestimmte Gefühle loswerden, unter denen sie leiden, wie Wut oder Angst. Dieses Loswerden-Wollen von heftigen Gefühlen kann auch in Verkleidung daherkommen, immer dann nämlich,

stellen, sie zu erforschen und ihr mutig ins Auge zu sehen, wich sie von selbst zurück und schrumpfte wieder auf Normalgröße zusammen. Heute weiß ich, dass Angst »nur« ein weiteres Gefühl ist, das zum Leben dazugehört. Seitdem ich nicht mehr versuche, sie

> *»Solange du nach dem Glück jagst,*
> *bist du nicht reif zum Glücklichsein.«*
>
> *Hermann Hesse*

wenn wir zum Beispiel die Angst beherrschen oder die Wut unter Kontrolle bringen wollen.

Aus eigener leidvoller Erfahrung weiß ich, wie groß das Verlangen werden kann, sich aus enormer Angst zu befreien oder ihrer zumindest Herr zu werden. Vor mehr als zehn Jahren erkrankte ich an schlimmen Panikattacken, die mir ein normales Alltagsleben nicht mehr möglich machten. Es war schrecklich und ich sehnte mich danach, die Panik loszuwerden. Doch alle Abwehrmechanismen und auch der Versuch, das Ganze unter Kontrolle zu bringen, schlugen fehl. Erst als ich langsam Schritt für Schritt und unter der Anleitung eines erfahrenen Therapeuten lernte, mich der Angst zu

loszuwerden, wächst sie auch nicht mehr ins Unermessliche, um auf sich aufmerksam zu machen. Sie erscheint, wenn es notwendig ist – nicht mehr und nicht weniger.

Entspannt im Hier und Jetzt

Auch der Buddha erfuhr nach seiner Erleuchtung mit Sicherheit weiterhin Gefühle wie Angst und Wut. Schließlich lebte er nicht auf einem menschenleeren Planeten, sondern inmitten des prallen Lebens in Indien.

Er sorgte sich vielleicht um seine wachsende Gemeinschaft, die mit Essen und Schlafplätzen versorgt werden musste. Er war nachweislich von Gönnern abhängig und begegnete dabei sicherlich auch dem einen oder anderen Schurken, der ihm und seinen Mönchen nicht wirklich wohlgesonnen war. Der Buddha war also auch weiterhin der gesamten Erfahrungspalette ausgesetzt, die das Menschsein mit sich bringt.

Aber im Unterschied zu uns »Normalsterblichen« war jegliches Verlangen, diese Gefühle und Erfahrungen zu unterdrücken oder gar loszuwerden, von ihm abgefallen. Er lebte stets im Hier und Jetzt, ohne sich woanders hinzuwünschen oder groß etwas daran ändern zu wollen.

Doch damit wir uns nicht missverstehen: Es ist vollkommen in Ordnung, leidvolle innere Zustände und damit einhergehende unglückliche Lebensumstände verändern oder verbessern zu wollen. Im Gegenteil, ich finde sogar, dass wir das unserem eigenen Seelenheil schuldig sind. Nur wenn

Verlangen Nr. 3: Lästiges loswerden!

Lernen Sie Ihr eigenes Gefühl des Loswerden-Wollens in einer kleinen Übung besser kennen:

- Fragen Sie sich, was Sie im Moment loswerden wollen. Ein bestimmtes Gefühl, eine Charaktereigenschaft – oder Ihren Partner?
- Spüren Sie nun genau hin, wie sich dieses »Ich will/muss das loswerden!« anfühlt. In diesem Zusammenhang können Glaubenssätze auftauchen wie: »Ich muss meine Wut loswerden, um ein besserer Mensch zu sein!« Oder: »Ich muss diese Angst loswerden, damit andere mich wieder respek-

tieren können!« Oder: »Wäre ich nicht so schüchtern, dann hätte ich längst einen Partner!« Lassen Sie sich vom Sog dieser Gedanken nicht verführen, sondern verweilen Sie im bloßen Gefühl.
- Spüren Sie das Verlangen, das sich dahinter verbirgt? Wie fühlt es sich an, unbedingt loslassen zu wollen? Können Sie wahrnehmen, wie stark man sich an dieses Verlangen, etwas loswerden zu wollen, klammern kann? Und können Sie spüren, wie sehr Sie dadurch unnötigerweise zusätzlich leiden und sich beengt und innerlich gefesselt fühlen?

wir liebevoll und verantwortlich mit uns umgehen, können wir ein erfülltes Leben im Einklang mit uns selbst und anderen leben. Anhand der Sicht des Buddha auf die Dinge können wir lernen, geduldiger und freundlicher mit den uns immer wieder heimsuchenden Fesseln und Leidenszuständen umzugehen. Unser gefesseltes und beengtes Herz wird dadurch offener, und es entsteht ein weiter innerer Raum, der es uns ermöglicht, unabhängige Entscheidungen zu treffen.

Der Mörder ihres Sohnes

Beth hatte es in ihrem Leben nie leicht gehabt. Ihr Mann war früh verstorben, und sie musste mit einem kargen Sekretärinnengehalt ihren einzigen Sohn Ben allein großziehen. Die beiden wohnten zusammen in einem winzigen Apartment in der Bronx, doch seitdem Ben aufs College ging, sprachen sie immer öfter davon, dass er vielleicht in eine der studentischen Wohngemeinschaften ziehen könnte.
Das Leben schien sich endlich zum Guten zu wenden. Beth war un-

glaublich stolz auf ihren Jungen, der im dritten Semester Jura studierte und ganz nach seinem Vater geraten war: intelligent, freundlich und gut aussehend. Sie erträumte sich für Ben eine steile Karriere als Anwalt und hoffte, dass er eine gute Ehefrau finden würde. Sie freute sich schon darauf, Oma zu werden. Beth war sich sicher, dass die Zukunft rosiger sein würde als die Vergangenheit. Doch dann kam alles ganz anders.
Ben jobbte neben seinem Studium abends in einem Schnellimbiss. Seine Schichten gingen an den Wochenenden oft bis spät in die Nacht hinein. Eines Morgens fand man ihn erstochen hinter den großen Mülltonnen im Hof. Für Beth brach eine Welt zusammen.
Bens Mörder war schnell gefunden; ein minderjähriger, obdachloser Drogenabhängiger hatte ihn beim Hinaustragen des Mülls um ein paar Dollars angebettelt. Als Ben sich weigerte, stach der Junge ohne Vorwarnung zu.
Beth begegnete dem Mörder ihres Sohnes erstmals im Gerichtssaal: ein junges, pickliges Kerlchen, das am ganzen Leibe zitterte und

dessen weite Kleidung wie an einem Haken zu hängen schien. Ein erbärmlicher Anblick, aber sie hatte kein Mitleid. Sie hasste ihn.

Als die Anhörung vorbei war und der Richter sein Urteil gesprochen hatte – 15 Jahre hinter Gitter –, da gelang es ihr, sich an den Tisch, wo der junge Jason zusammengekauert, mit gesenktem Kopf und krampfhaft ineinander verknoteten Händen saß, vorzudrängen.

»Ich werde dich töten«, zischte sie leise in sein Ohr. Dann ging sie mit tränennassen Augen und gebeugtem Rücken nach Hause.

Die Monate gingen ins Land, und eines Tages wurde Jason in den Besucherraum des Gefängnisses, wo er einsaß, geführt. Dort saß Beth, die Handtasche auf dem Schoß mit beiden Händen fest umklammert, und sah ihm ohne mit der Wimper zu zucken fest in die Augen.

»Was wollen Sie von mir?«, schoss es aus dem Jungen heraus. Er hatte Angst, dass seine Knie nachgeben würden, also setzte er sich schnell ihr gegenüber hin. Doch Beth erkundigte sich nur nach seinem Wohlergehen, fragte, ob er irgendetwas brauche, und sagte nach

15 Minuten, die ihm wie eine Ewigkeit vorkamen, dass sie wiederkommen würde.

Von nun an kam Beth regelmäßig jede zweite Woche. Sie brachte dem jungen Mann kleine Geschenke mit, sprach mit ihm über sein Leben im Gefängnis und erzählte ihm von ihrem einsamen Leben ohne Ben.

Die Jahre gingen ins Land, und Beths Besuche wurden Jasons einzige Lichtblicke im grauen Gefängnisalltag. Er dachte zwar immer wieder an ihre Worte im Gerichtssaal, aber er hatte Angst, sie darauf anzusprechen. Wenn sie von Ben sprach, wünschte er, er könnte seine Tat ungeschehen machen.

Der Tag der Entlassung war gekommen. Jason war zu einem Mann in den Dreißigern herangewachsen, dem die Welt jenseits der Gefängnismauern fremd geworden war. Beth hatte ihn ein paar Tage zuvor noch ein letztes Mal besucht und ihm angeboten, dass er zunächst bei ihr einziehen könne.

Nun wartete sie, mittlerweile ein bisschen wackelig auf ihren alten Beinen, am Gefängnistor auf ihn und begleitete ihn zu sich nach Hause. Auf dem gesamten Weg zu ihrer Straße sprachen sie kein Wort miteinander. Im Wohnzimmer der alten Frau fasste sich Jason endlich ein Herz: »Beth, warum hast du mich zu dir eingeladen? Willst du mich jetzt in deinen eigenen vier Wänden umbringen?« Er wagte kaum, ihr in die Augen zu blicken. Da nahm Beth seine Hand in die ihre: »Mein lieber Junge, meine Worte damals im Gerichtssaal waren durchaus ernst gemeint – und ich habe mein Wort gehalten. Ich habe den jungen Mann von damals getötet. Ich hasste dich so sehr für das, was du mir und meinem Ben angetan hast. Bei meinen ersten Besuchen wollte ich einfach nur demjenigen in die Augen sehen, der meinen Jungen erstochen hat. Ich wollte wissen, wie sein Mörder aussieht, ich wollte seinen Hass sehen, damit ich meinen abgrundtiefen Hass in meinem eigenen Herzen rechtfertigen konnte. Ich wollte dich wirklich töten, doch ich sah nur einen verängstigten kleinen Jungen. Ich sah, dass du ohne Liebe aufgewachsen bist und dass du deshalb so geworden bist, so kalt und so einsam. Ich bekam Mitleid mit dir!« Jason schluckte schwer und begann,

Beths Hand zu streicheln. »Ich beschloss, den Hass in dir zu töten«, fuhr die alte Dame fort, »denn ich wusste, dass mein Ben dort droben nicht wollen würde, dass seine Mum Gleiches mit Gleichem vergilt. Schließlich war er auf dem besten Weg, ein guter und fairer Anwalt zu werden.« Beth lächelte: »Ich habe ganze Arbeit geleistet, Jason, findest du nicht? Den jungen, hartherzigen Mann von damals gibt es nicht mehr. Jason, du bist mir über all die Jahre ein Sohn geworden. Könntest du dir vorstellen, bei mir zu bleiben? Ich habe Bens Zimmer schon für dich zurechtgemacht. Ich hoffe, es gefällt dir!«

Diese wahre Geschichte hat mir mein amerikanischer Meditationslehrer James erzählt. Er kannte Beth und er bewunderte sie sehr für ihr großes, verzeihendes Herz. Doch die Geschichte erzählt nicht nur davon, dass es möglich ist, Hass in Liebe und Vergebung umzuwandeln, sie zeigt auch auf, dass selbst das größte persönliche Leid angenommen und umarmt werden kann, um es letztendlich für etwas Neues loszulassen.

Wir sitzen alle im selben Boot

Wie wir alle von Kindesbeinen an wissen, kann sich das Leiden in vielen Facetten zeigen und beschränkt sich natürlich nicht nur auf die großen Themen wie Krankheit, Alter, Verlust und Tod. Manchem von uns wurden schon als Kind kleinere oder größere Fesseln angelegt, mit denen wir uns dann als Erwachsene ewig herumschlagen

rum, die manchmal lediglich ihrer Fantasie entspringen. Innere Fesseln können viele Formen annehmen. Ich möchte Ihnen nun von einer meiner hartnäckigsten Fessel erzählen, die mich über viele Jahre eingeschnürt hat und die mich auch heute noch gelegentlich versucht einzufangen. Sie bemüht sich wirklich redlich, mich nicht ganz aus ihren Fängen zu lassen, aber mit der Zeit – und mithilfe der hier vorgestellten vier Wege –

»Verantwortlich ist man nicht nur für das, was man tut, sondern auch für das, was man nicht tut.«

Laotse

müssen. Erziehung, kulturelle Hintergründe, Traditionen und gesellschaftliche Anforderungen – all das kann uns in unserer Entwicklung vom kleinen Menschen zum großen ganz schön behindern.
So leiden viele von uns auch im Hier und Heute noch an den Geschichten, die sie in der Vergangenheit erlebt haben, oder aber sie schlagen sich mit Zukunftsängsten und -szenarien he-

wurden ihre Seile brüchig, bis sie letztendlich von mir abfielen.
Wenn sie heute in Gestalt jenes Mannes daherkommt, um den sich damals mein ganzes Leiden drehte, bin ich immer noch auf der Hut, aber sie beziehungsweise er kann mir nichts mehr anhaben.
Denn ich habe gelernt, dass Fesseln auch in Gestalt großer Verführer auftauchen können.

Vielleicht finden Sie sich ja selbst in irgendeiner Form in meiner Geschichte wieder, denn die wichtigste Erkenntnis daraus ist, dass wir wirklich alle im gleichen Boot sitzen, auch wenn die Fesseln sich mal mehr und mal weniger stark unterscheiden.

Keiner bleibt von den Irrungen und Wirrungen des Lebens verschont – nicht einmal ein Buddha, also ein sogenannter Erwachter. Wir können nur lernen, anders und neu damit umzugehen.

Eine Fessel der Liebe

In meinen Mittzwanzigern lernte ich einen gleichaltrigen Mann kennen, nennen wir ihn Lars, der mich mit seiner humorvollen und intelligenten Art sofort faszinierte. Wir wurden Freunde. Und obwohl es zwischen uns beiden auch gehörig funkte, wurden wir zunächst kein Liebespaar. Erst viele Jahre später – wir beide gingen langsam auf die 40 zu – kamen wir uns auch körperlich näher. Der Funke, der über all die Jahre im Verborgenen still geglüht hatte, flammte jetzt

zu einem lodernden Feuer auf. Doch der Zeitpunkt war denkbar ungünstig. Lars hatte sich entschieden, als Mönch in Indien zu leben, und war gerade Novize geworden. Wir brachen mit unserer Leidenschaft eine heilige Regel: den Zölibat. Wir erlebten eine kurze, leidenschaftliche Zeit miteinander. Niemand wusste von unserem Geheimnis. Dann entschied sich Lars, zurück ins Kloster zu gehen. Er vertraute sich seinem Abt an, und dieser beschloss, ihm noch eine zweite Chance zu geben. Lars verschwand in einer Einsiedelei, um in sich zu gehen, und ließ mich mit gebrochenem Herzen zurück. Monate gingen ins Land, meine Seele heilte allmählich, und ich hielt mich an unsere Verabredung, keinen Kontakt mehr aufzunehmen. Ich hatte geglaubt, damit im Reinen zu sein, Lars an seinen Orden »verloren« zu haben.

Doch da erreichte mich etwa sechs Monate nach unserer Trennung die Nachricht, dass Lars das Kloster beziehungsweise seine Einsiedelei längst verlassen hatte. Er hatte die Gelübde nicht mehr länger einhalten können und war mit einer

Frau zusammengezogen. Die beiden planten bereits Kinder und ihre Hochzeit.

Für mich brach eine Welt zusammen. Und dann passierte etwas sehr Eigenartiges, denn anstatt nun zu trauern oder auch – was sicher erst mal gesünder gewesen wäre – wütend zu werden, um ihn dann vollständig loszulassen, geschah ohne mein bewusstes Zutun das Gegenteil: Lars wurde zu meiner Fessel. Ich konnte an nichts anderes mehr denken und wurde von meinem Gedankenkarussell, das permanent um seinen Verrat an mir kreiste, fast wahnsinnig. Ich konnte ihn nicht mehr loslassen, und deshalb ging unsere »gemeinsame« Geschichte auch weiter. Drei Jahre später begegneten wir uns wieder. Er war längst geschieden und im Rechtsstreit um sein Kind, ich immer noch in unserer unglücklichen Geschichte von damals gefangen. Ich hatte seitdem keinen Mann mehr wirklich in meine Nähe gelassen und stürzte mich erneut in eine Affäre mit Lars. Ich wollte endlich die Frau an seiner Seite werden, doch es folgten nur weitere Jahre des Schmerzes. Ich wollte nicht

wahrhaben, dass ihm im Grunde nie wirklich etwas an mir als Partnerin lag. Und so erstickte ich fast an den Fesseln, die ich selbst geschnürt hatte, um mich mit Gewalt im wahrsten Sinne des Wortes an ihn »zu binden«. Ich bekam Asthma. Als mir endlich klar wurde, dass mich diese »Beziehung« krank machte, brach ich den Kontakt ab. Mittlerweile habe ich erkannt, dass diese Form von Fessel auch zur Sucht werden kann und dass es großen Mut erfordert, aus alten Geschichten entschlossen herauszutreten. Ich fühle zwar manchmal noch den Sog, den die Erinnerungen an Lars in mir auslösen, aber ich gebe ihm nicht mehr nach.

Solch enorm hartnäckige Fesseln, die uns partout nicht loslassen wollen und um die unsere Gedanken und Gefühle immer wieder kreisen, wollen meist auch auf tiefer liegende Dramen oder Traumata hinweisen. Mithilfe der nächsten Übung können Sie sich an alte, vielleicht verdrängte oder schlichtweg beängstigende Gefühle ein bisschen näher heranwagen. Vergessen Sie aber nicht, sich bei Bedarf therapeutische Hilfe zu holen.

Übung: Das gestohlene Portemonnaie

Diese Übung stammt von einer guten Freundin, deren Job es ist, ehrenamtliche Hospizhelfer auszubilden und auf ihre Arbeit mit Sterbenden vorzubereiten. Die Übung ist Bestandteil eines der Seminare, die im Rahmen dieser Ausbildung durchlaufen werden; sie kann aber auch uns dabei helfen zu erkennen, wie wenig wir bereit sind, Leiden wirklich anzunehmen, und wie schwer es uns in der Regel fällt, von den Gefühlen abzulassen, die alle leidvollen Erfahrungen zwangsläufig mit sich bringen. Zudem zeigt sie uns sehr deutlich, dass wir, obwohl wir rein intellektuell natürlich um das Veränderliche und Vergängliche allen Lebens wissen, im Herzen und im Geist oft nicht bereit sind, den Tatsachen ins Auge zu blicken.

Der Buddha sprach in diesem Zusammenhang von der »Täuschung des Geistes«. Unser Geist möchte einfach nicht wahrhaben, dass sich alles im Wandel befindet.

Ein einfaches Beispiel aus unserem Alltagsleben zeigt dies eindrucksvoll:

Sie wachen morgens auf und sehen, dass sich draußen vor dem Fenster ein wunderschöner Sonnentag entfaltet. Und obwohl Sie selbstverständlich wissen, dass auf Sonne wieder Regen folgen wird, hoffen Sie tief in Ihrem Inneren, dass es nun für immer so schön bleiben wird.

Wir wissen also rein verstandesmäßig von der Unbeständigkeit des Wetters, aber irgendetwas in uns hält am Sonnenschein fest und leugnet sehr subtil die bevorstehende Veränderung.

* Begeben Sie sich für die Übung an einen ruhigen Ort, wo Sie nicht gestört werden können. Setzen Sie sich bequem hin und lassen Sie sich im wahrsten Sinne in sich selbst nieder. Es ist hilfreich, aber kein Muss, wenn Sie so aufrecht wie möglich sitzen. Die aufrechte, aber lockere Sitzhaltung unterstützt eine tiefere Konzentration und kann zudem beruhigend auf Körper und Geist wirken.

* Schließen Sie die Augen und begleiten Sie mich nun auf den Pfaden einer kleinen fiktiven Geschichte: Stellen Sie sich eine Begebenheit vor, in der Sie

vergeblich nach Ihrem Portemonnaie suchen. Vielleicht sind Sie gerade vom Einkaufen nach Hause gekommen, haben die Vorräte verstaut und bemerken, dass der Geldbeutel nicht mehr da ist. Oder Sie stehen an der Kasse eines Kaufhauses und wollen bezahlen, doch in welcher Tasche Sie auch suchen, das Portemonnaie ist weg, gestohlen – und mit ihm all Ihre Kreditkarten und der Personalausweis.

Vielleicht haben Sie eine ähnliche Situation ja schon einmal wirklich erlebt. Ein Fremder hat Sie bestohlen, ohne dass es von Ihnen zunächst bemerkt wurde. Ich kann mich zum Beispiel noch sehr gut an einen Morgen erinnern, an dem ich voller Schrecken entdecken musste, dass man mir mein Fahrrad geklaut hatte. Die Gefühle, die ich durchlebte, reichten von Fassungslosigkeit über Wut bis hin zu einer beängstigenden Verunsicherung, weil ein mir unbekannter Mensch eine zwar unsichtbare, aber sehr persönliche Grenze überschritten hatte, um mir etwas wegzunehmen. Ich fühlte mich verletzt und ungeschützt. Dieser Zustand hielt noch wochenlang an.

* Versuchen Sie also, sich eine solche oder ähnliche Situation zu vergegenwärtigen. Das kann auch eine Trennung aus heiterem Himmel, eine schlechte Diagnose vom Arzt oder ein Kündigungsschreiben sein. In dieser Übung bleiben wir zur Veranschaulichung beim Portemonnaie-Diebstahl.

* Stellen Sie sich vor, wie Sie überall suchen. Wie fühlt sich das an? Welche Geschichten konstruiert Ihr Geist parallel? Schieben Sie die Schuld erst mal auf Ihre Vergesslichkeit und bleiben ruhig? Oder können Sie vor lauter Panik keinen klaren Gedanken fassen?

* Wie fühlt sich dann, nach einer gewissen Zeit des Suchens, die Gewissheit an, dass Ihr Portemonnaie tatsächlich gestohlen wurde? Welche Gefühle drängen an die Oberfläche? Ohnmacht? Angst? Wut? Oder wächst die Panik noch?

Je mehr man ein solches Geschehen – die Tatsache also, dass gerade etwas Unangenehmes oder Leidvolles passiert ist – verdrängen beziehungsweise nicht wahrhaben will, desto länger dauert paradoxerweise das Leiden an. Es ist wichtig, sich alle Gefühle zu vergegenwärtigen und da sein zu lassen, denn wir werden im Laufe unseres Lebens immer wieder mit kleineren und größeren Verlusten sowie mit ständigen Veränderungen konfrontiert sein … bis wir schließlich auch unser Leben verlieren werden.

* Um Gefühle ganz und gar annehmen zu können, müssen wir den Mut aufbringen, sie wirklich fühlen zu wollen. Gefühle finden ihren Ausdruck im Körper. Spüren Sie also genau hin: Wie fühlt sich die Angst an und wo genau »brennt« zum Beispiel die Wut?

Anhand meines geklauten Fahrrads habe ich am eigenen Leib erfahren, wie lange es dauern kann, selbst das Verschwinden eines leblosen Gegenstands zu verarbeiten und vollkommen zu akzeptieren. Dabei ist dies noch kein Vergleich zu den wirklich großen Verlusten im Leben wie der Tod von geliebten Menschen oder der Verlust unserer Gesundheit.

Und ich entdeckte zudem, wie sehr ich vor der Wahrheit, dass eben auch mir immer wieder Schmerzvolles widerfahren wird, zurückschrecke. Und dass sich mein Leiden auch heute noch unnötig in die Länge zieht, wenn ich mich gegen unangenehme Erfahrungen oder Veränderungen, gegen die ich machtlos bin, wehre, anstatt sie anzunehmen.

Nicht loslassen zu können und sich gegen Unangenehmes zu wehren – das sind für den Buddha die Hauptgründe, warum wir überhaupt leiden. Uns treibt ein enormes Verlangen nach dem Angenehmen an. Aber wir lassen uns auch sehr schnell von anderen Mächten wie Gewohnheit, Angst oder Täuschung leiten. Erst wenn wir unsere Abwehrmechanismen erkannt und verstanden haben, können wir uns daraus befreien.

Die wundersame Verwandlung des Milarepa

Der tibetische Yogi Milarepa lebte im 11. Jahrhundert und wird bis heute in der buddhistischen Welt hoch verehrt – ist er doch ein gutes Beispiel dafür, dass es selbst im schlimmsten Fall Hoffnung auf Veränderung und Wandlung gibt.

Milarepa hieß ursprünglich Thöpaga. Seine erste Lebenshälfte war alles andere als vorbildlich, denn auf Betreiben seiner Mutter wurde er zum 35-fachen (!) Mörder. Sie war nach dem Tod ihres Mannes, also seines Vaters, vom Rest der Familie um ihr Erbe geprellt worden. Thöpaga ermordete daraufhin einen Großteil seiner Verwandten und Nachbarn im Dorf, um die Ungerechtigkeit zu rächen. Seine Mutter hatte Thöpaga sogar extra zu einem Schwarzmagier geschickt, damit er sein tödliches »Handwerk« von der Pike auf lernen konnte. In der Folge metzelte Milarepa jedes Familienmitglied und auch alle anderen, die sich ihm in den Weg stellen wollten, mit seinen neu erworbenen übersinnlichen Kräften nieder. Außerdem zerstörte er die gesamte Ernte des Dorfes, indem er heftige Unwetter heraufbeschwor. Wahrlich nicht die besten Voraussetzungen für ein glückliches und erfülltes Leben!

Diese Erkenntnis dämmerte auch recht bald dem jungen Thöpaga. Zu jener Zeit hörte er erstmals von Buddha und dessen Lehren. Ihm wurde schlagartig klar, dass er diese Fessel des Bösen, die sich seiner bemächtigt hatte, schleunigst wieder loswerden musste. Denn sonst drohten ihm – den Gesetzmäßigkeiten des Karma zufolge – nicht nur eine, sondern vermutlich gleich mehrere ungünstige Wiedergeburten in Folge.
Er begab sich, genau wie der Buddha viele Hundert Jahre zuvor, auf eine spirituelle Wanderschaft, um einen Ausweg aus seinem Dilemma zu finden. Der erste Lehrer, den er schließlich fand – ein alter tibetischer Lama –, prüfte zunächst die Motivation des jungen Mannes, ob dieser den Weg der Befreiung auch wirklich gehen wolle.

Denn obwohl Thöpaga sich nichts sehnlicher wünschte, als sich von allem Negativen zu befreien, kam er doch recht langsam in die Gänge, und das hatte sein neuer Lehrer sofort erkannt.

Kommt Ihnen das irgendwie bekannt vor? Sie wollen die Dinge dringend ändern, aber irgendwie sind Sie dann doch zu träge oder der Zeitpunkt ist ungünstig, Sie haben Angst, dass Sie danach vielleicht in ein Loch fallen könnten – oder was immer Ihnen sonst noch einfällt, um sich vor der Verantwortung zu drücken, den ersten Schritt zu tun.

Thöpaga jedenfalls fiel bei dem Lama wegen seiner starken Antriebslosigkeit gnadenlos durch. Erst beim nächsten Weisen fand er Aufnahme. Es war ein hoch angesehener tibetischer Lehrer, der als Übersetzer alter philosophischer Texte sein Brot verdiente. Doch nun begann im wahrsten Sinne des Wortes eine harte Arbeit. Über viele Jahre hinweg ließ der neue Lehrer Thöpaga schwer arbeiten, um dessen schlechtes Karma aufzulösen. Der einstige Bösewicht musste mit bloßen Händen ein ums andere Mal ein Haus errichten, das sein Meister jedes Mal nach der Fertigstellung wieder von ihm selbst niederreißen ließ.

Der Plan des Meisters ging auf: Die schwere körperliche Betätigung läuterte den jungen Mann, und er wurde frei für den nächsten Schritt, die geistige und meditative Arbeit. In diese Zeit fällt vermutlich auch seine neue Namensgebung. Aus Thöpaga wurde Milarepa. Das Wort »mila« wird mit Mensch übersetzt, »repa« bezeichnet eine bestimmte weiße Kleidung, die den Yogis vorbehalten war.

Milarepa erfuhr noch zu Lebzeiten Erleuchtung und befreite sich somit vollkommen von all seinen irdischen Fesseln. Als bescheidener Eremit lebte er bis zu seinem Tod im Alter von 83 Jahren – lediglich seine weiße Robe als Besitz – in einer Höhle in den Bergen. Er war weithin bekannt für sein fröhliches Gemüt, seinen Humor und seine unverblümte Offenheit all jenen Menschen gegenüber, die bei ihm Rat suchten.

Aus den (alten) Puschen kommen

Wenn wir es uns ehrlich eingestehen, haben wir oft Angst davor, unser Leben wirklich zu ändern. Mein Therapeut sprach diesbezüglich gerne von den alten, ausgelatschten Hauspantoffeln, in denen es sich so bequem schlurfen lässt, weil sie sich über viele Jahre hinweg wie eine Gussform an die Füße ihrer Besitzer angepasst haben. Diese Puschen gegen neue, zu Anfang vielleicht eher etwas unbequemere Schuhe einzutauschen, würde bedeuten, etwas Altes, Liebgewonnenes aufzugeben. Das fällt uns nicht leicht. Selbst ein ehemaliger Mörder, wie Milarepa einer gewesen ist, muss seine »lieb gewonnenen« und vertrauten Muster, um es provokant zu formulieren, aufgeben, um Neuem Platz schaffen zu können.

Das bedeutet oft harte Arbeit. Ein Symbol dafür ist die schwere körperliche und scheinbar sinnlose Arbeit des Milarepa: Immer wieder muss er das Haus aufbauen, um es dann aufs Neue eigenhändig abzureißen.

Es ist der natürliche Lauf der Dinge, dass auf »Gutes« stets »Schlechtes« folgt – und umgekehrt! Dies gilt es zu verstehen und anzuerkennen. Erst dann können wir Entscheidungen treffen, die auf Weisheit und Liebe basieren und nicht auf Angst und Abwehr gegründet sind.

»Ihre Lebensprognose ist schlecht, denn auf Geburt folgt der Tod. Ihre Familienprognose ist schlecht, denn auf Zusammentreffen folgt Trennung. Ihre Vermögensprognose ist schlecht, denn das, was gesammelt wurde, erschöpft sich. Ihre Feindprognose ist schlecht, denn Sie sehen Feinde, wo keine sind.«
Milarepa

Zum Schluss dieses Kapitels möchte ich Ihnen eine Meditation vorstellen, die Ihnen zusätzlich helfen kann, ein tieferes Verständnis für den Weg der Weisheit zu entwickeln. Der Buddha erlangte seine Erleuchtung in jener Nacht unter dem Bodhibaum nicht durch intensives Nachdenken – das kam erst später –, sondern in erster Linie durch Meditation. Die Techniken, die er dabei angewandt hat, sind bis heute überliefert und werden von vielen Menschen weltweit praktiziert.

Übung: Vipassana-Meditation

Seit vielen Jahre übe ich diese Meditation täglich und ich werde dabei regelmäßig von einer Meditationslehrerin begleitet, die meine Praxis kompetent und liebevoll unterstützt.

Einsicht in die Dinge, wie sie sind

Vipassana heißt übersetzt »Einsicht in die Dinge, wie sie sind« oder »Einsicht in das Leben, wie es ist«. Die Erkenntnisse, die man durch diese Praxis gewinnen kann, gehen mitunter weit über die Verstandesebene hinaus und zeigen das Leben – und wie es funktioniert – in seiner ganzen Komplexität. Vipassana hilft aber auch ganz pragmatisch. Es deckt innere Blockaden und behindernde Muster auf und zeigt uns die ungeschminkte Wahrheit über unser Seelenleben und unser Herz.

Halten Sie eine Decke oder ein wärmendes Tuch bereit, damit Sie während der Sitzperiode nicht auskühlen. Zu Beginn Ihrer Praxis reichen etwa 10 bis 20 Minuten Übungszeit vollkommen aus; später können Sie Ihre Sitzzeiten beliebig erhöhen.

✻ Nehmen Sie eine Meditationshaltung ein: Sitzen Sie also möglichst aufrecht auf einem Stuhl – bevorzugt ohne sich anzulehnen –, auf einem Meditationskissen oder -sitzbänkchen (im Fachhandel erhältlich). Wichtig ist vor allem eine aufrechte, aber entspannte Wirbelsäule, ansonsten bleibt der Sitzstil ganz Ihnen überlassen: Sie können auf dem Kissen (oder Sitzbänkchen) die Beine im Schneidersitz überkreuzen oder kniend den Fersensitz (Diamantsitz) einnehmen. Wenn Sie auf einem Stuhl sitzen, achten Sie darauf, dass Ihre Füße parallel zueinander gut auf dem Boden stehen.

✻ Legen Sie Ihre Hände locker in den Schoß. Wenn Sie mögen, können Sie sie mit den Handinnenflächen nach oben übereinanderlegen, sodass sie eine Schale bilden.

✻ Schließen Sie nun die Augen und atmen Sie zwei, drei Atemzüge kräftig durch. Lassen Sie sich dabei ganz bewusst in Ihrem Körper nieder und fühlen Sie, wie ihn der Fluss des Atems belebt.

✳ Gehen Sie dann mit der Aufmerksamkeit, beginnend bei den Füßen, von unten nach oben durch Ihren Körper; »scannen« Sie ihn auf diese Weise Zentimeter für Zentimeter. Spüren Sie in jedes Körperteil sorgfältig hinein, ohne die Sitzposition zu verändern. Ein solcher »Bodyscan« hilft Ihnen vor der eigentlichen Meditationsübung, Ihren Geist zu beruhigen und dadurch auch den Körper zu entspannen.

Wichtig ist: Setzen Sie sich niemals unter Druck! Wie es die Übersetzung des Wortes »Vipassana« schon verrät, nehmen wir Einsicht in die Dinge, wie sie wirklich sind. Das heißt, dass wir die Situation, in der wir uns gerade befinden, weder bewerten noch willentlich verändern. Es ist also kein Beinbruch, wenn es mit der Entspannung nicht so recht klappen will. Jede Emotion, jedes Gefühl und jede körperliche Befindlichkeit wird bei Vipassana willkommen geheißen und als Meditationsobjekt verwendet. Doch dazu kommen wir gleich noch.

✳ Richten Sie jetzt die Aufmerksamkeit wieder auf den Atem. Das klappt am besten, wenn Sie auf Ihre Bauchdecke oder den Brustkorb achten. Zur Veranschaulichung bleiben wir hier bei der

Bauchdecke: Beobachten Sie ihr Heben und Senken, ohne den Atem zu beeinflussen. Spüren Sie genau hin, wie sich der Bauch ausdehnt und dann wieder zusammenzieht. Benennen Sie den Vorgang im Stillen mit den Wörtern »heben« und »senken«. Achten Sie dabei darauf, dass Sie nicht »mechanisch« werden. Sie sind kein distanzierter Beobachter, sondern der empfindsame und sorgfältige Begleiter Ihres Atems.

Die Meditation auf den Atem ist in meinen Augen das Kernstück vieler Meditationen. Der Atem kann dabei Anker und Ruhepol sein, aber auch ein Forschungsobjekt, durch das sich viele Erkenntnisse und Einsichten gewinnen lassen. Bei unserer Übung dient der Atem jedoch als Halt gebender Anker. Wir werden uns im Folgenden also immer wieder auf den Atem rückbesinnen, um unsere Meditation zu stabilisieren, uns zu »Forschungszwecken« aber gezielt Körper und Geist zuwenden.

∗ Weiten Sie nach einer Weile Ihr Gewahrsein aus und schauen Sie, was sich sonst noch so tut.

Haben Sie vielleicht Schmerzen wegen des ungewohnten Sitzens? Juckt die Haut? Spüren Sie Unruhe im Geist, die sich vielleicht als Kribbeln im ganzen Körper manifestiert? Welche Gefühle steigen dazu auf? Benennen Sie all Ihre Empfindungen und Erfahrungen zum Beispiel mit »jucken«, »kribbeln«, »Unruhe«, »Schmerz«, »Freude«, »Angst« …

Mir ist durchaus klar – und ich weiß dies wirklich aus eigener Erfahrung –, wie schwer es sein kann, unangenehme Gefühle und Empfindungen lediglich zu benennen, ohne einzugreifen oder sich die vorherrschende, mitunter peinigende Situation durch Ablenkung zu erleichtern. Aber versuchen Sie es dennoch, denn das stete und sanfte Benennen (mein amerikanischer Meditationslehrer nennt es »labeln«) und das gleichzeitige Hineinspüren in körperliche, geistige und emotionale Empfindungen und Emotionen bewirken, dass unser Geist beziehungsweise unser Herz immer klarer erkennt, was eigentlich abläuft.
Weil wir uns mithilfe des unparteiischen Benennens nicht mehr in die jeweiligen Erfahrungen verstricken

lassen, können wir uns unser Leid beziehungsweise das, was uns quält, genau ansehen. Außerdem erkennen wir dadurch ziemlich schnell, *wie* wir das Unangenehme loswerden wollen, und benennen auch dies zum Beispiel mit den Worten »ablehnendes Denken« oder vielleicht mit »verkrampfen« oder »Anspannung«.

Freudige Erfahrungen werden mit dem gleichen Verfahren – gepaart mit einem neugierigen und offenen Geist – unter die Lupe genommen, ohne sie ausdehnen oder festhalten zu wollen. Wir bezeichnen oder benennen sie zum Beispiel als »wohlig«, »Glücksgefühl«, »angenehm« oder »Tagtraum«.

✳ Beenden Sie Ihre Sitzung mit ein paar bewussten Atemzügen, indem Sie erneut das Heben und Senken der Bauchdecke beobachten und benennen.

Vipassana möchte nichts verändern. Wir bezeugen während unserer Meditation lediglich das, was gerade ist, ohne es zu beschönigen oder es unter den Teppich kehren zu wollen. Wir fühlen und spüren genau hin, während wir die Geschehnisse benennen. Furchtlos stellen wir uns dabei unseren inneren Dämonen und erkennen immer tiefer, woran wir festhalten und was wir loswerden wollen.

Aber die mit Sicherheit tiefste Erkenntnis, die Vipassana zu bieten hat, ist das Wissen um den steten Wandel. Irgendwann begreift unser Herz – weit jenseits des Verstandes –, dass sich wirklich alles, also auch wir selbst, ständig in Verwandlung befindet. Und dieses Wissen befreit ungemein! Schmerz wird von Entspannung abgelöst, Unruhe von Gelassenheit. Trauer und Freude wechseln sich ab, Angst kommt und geht. Wut verpufft und lodert wieder auf … Das ganze Spektrum unseres Dasein entfaltet sich ungehindert.

Noch ein wichtiger Tipp: Um wirklich tief in die Vipassana-Praxis einsteigen zu können, bedarf es meiner Meinung nach einer/s erfahrenen Meditationslehrer/in und regelmäßiger Übung. Belohnt werden diese Bemühungen mit einem weiten, kreativen und erfüllten inneren Raum, aus dem heraus Sie unabhängige und nährende Entscheidungen für Ihr eigenes Leben fällen können – und das kommt wiederum anderen Wesen zugute, davon bin ich fest überzeugt.

» Der Buddha sagt in seinen ersten beiden »edlen Wahrheiten«: Leben ist Leiden, und dieses Leiden entsteht durch das Begehren beziehungsweise das Anhaften an den schönen Erfahrungen und durch das Abwehren des Unangenehmen.

» Wir alle können Krankheit, Trennung und Tod nicht entkommen. Aber wir können unsere Haltung zu den Dingen, die uns fesseln und die uns leiden lassen, ändern – und zwar indem wir unsere diesbezüglichen Gedanken und Gefühle einer ernsten Prüfung unterziehen.

» Das Leben befindet sich in ständigem Wandel. Wenn Sie diese Tatsache tief verstehen und akzeptieren, dann werden Sie ungehindert und von allen Fesseln befreit mit dem Fluss des Lebens fließen. Sie lassen das Anhaften und Abwehren los, um der inneren Weite Ihres Herzens Platz zu machen.

QUINTESSENZ

»Hunderte Blumen im Frühling, der Mond im Herbst,
die frische Brise im Sommer, der Schnee im Winter.
Gäbe es keine unnützen Wolken in eurem Geist,
jede Jahreszeit wäre eine gute Jahreszeit,
jeder Tag wäre ein guter Tag.«

Zenmeister Mumon

Der Weg der
Befreiung

»Und dann, meine Seele, sei weit, sei weit,
dass dir das Leben gelinge,
und breite dich wie ein Feierkleid
über die sinnenden Dinge.«
Rainer Maria Rilke

In diesem Kapitel werden wir uns mit der dritten und der vierten edlen Wahrheit des Buddha befassen. Sie werden uns zeigen, wie wir uns von Leiden und von den Fesseln, die uns quälen, aktiv befreien können.

Doch zuerst möchte ich Ihnen eine kreative Übung anbieten, die mir persönlich immer geholfen hat, meine eigenen Fesseln, zum Beispiel meine emotionale Bindung zu Lars, den Sie im vorigen Kapitel kennengelernt haben, zu lockern und schließlich ganz abzustreifen.

Ich glaube zwar nicht, dass der Buddha vor 2500 Jahren mit so »neumodischen Dingen« wie der gleich folgenden Fantasiereise gearbeitet hat, aber in manchen buddhistischen Traditionen sind Visualisierungen durchaus üblich. Außerdem geht es hier in diesem Buch nicht darum, dem Weg des Buddha eins zu eins zu folgen, sondern sich selbst so viele effektive Wege wie möglich zu erschließen, um zum Ziel zu gelangen. Vergessen Sie nie: Jeder Weg ist individuell – was dem einen hilft, kann den anderen in eine Sackgasse führen. Achten Sie stets auf Ihre Intuition, das ist der beste Wegweiser.

Bleiben Sie spielerisch und offen für Neues! Auch der Buddha rief seine Anhänger, Mönche und Nonnen immer wieder zur Eigenständigkeit auf:

»Wenn deine Einsicht meiner Lehre widerspricht, so solltest du deiner Einsicht folgen.«
Buddha

Betrachten Sie die in diesem Buch angebotenen Lösungswege also schlichtweg als Anregungen, Ihren eigenen Weg zu finden.

Reise zum Mittelpunkt des Herzens

Wir alle, und damit sind wirklich ausnahmslos *alle* fühlenden Wesen auf dieser wunderschönen Erde gemeint, tragen meiner Überzeugung nach bereits tiefe Weisheit und das Wissen um die Geheimnisse des Lebens in unseren Herzen. Es gilt nur, die Verkrustungen, Blockaden und Verhärtungen, die sich im Laufe unseres Lebens um diesen kostbaren Schatz gebildet haben, behutsam abzutragen, damit er wieder glänzen und uns dabei helfen kann, befreit und glücklich zu leben.

> *»Wenn es einen Glauben gibt, der Berge versetzen kann, dann ist es der Glaube an die eigene Kraft.«*
>
> Marie von Ebner-Eschenbach

Übung: Fantasiereise zur inneren Befreiung

Notieren Sie sich auf den Seiten 60 und 61 nach und nach einige (im Text vorgegebene) Anhaltspunkte, die auf Ihrer Reise der Reihe nach auftauchen können. Diese Punkte sind für Ihre individuelle Reise wichtig und sollen Ihnen dabei helfen, sich immer wieder zurechtzufinden, die entscheidenden Themen zu erkennen und so nicht den roten Faden zu verlieren.

Ihre Fantasiereise wird, wie im richtigen Leben auch, eine fortlaufende und sehr persönliche Reise mit vielen markanten »Sehenswürdigkeiten« sein. Allerdings ist bei dieser Reise, anders als im wirklichen Leben, das Ende offen, denn Sie werden am Anfang nicht wissen, wo, wann und wie sie enden wird – wenn sie überhaupt jemals endet.

Meine eigene Fantasiereise dauert nun schon fast ein Jahr an und immer wieder überrascht sie mich mit neuen Elementen, Lebewesen und Landstrichen. Es ist fast so, als hätte ich mich auf eine sehr fantasievolle Lebensreise begeben, die parallel zu meinem Alltag wie ein Kinofilm im Inneren abläuft, um mich von meinen Wunden zu heilen.

Und jetzt geht's los

Nehmen Sie sich für den ersten Schritt auf Ihrer Reise genügend Zeit, also etwa 20 Minuten, und ziehen Sie sich mit Buch und Stift an einen ruhigen Ort zurück. In Sachen Fantasie reist es sich im Liegen am besten. Decken Sie sich zu, damit Sie nicht auskühlen.

✻ Schließen Sie die Augen. Ein paar entspannte Atemzüge helfen Ihnen, bei sich und im Körper anzukommen.

Die Fessel visualisieren

✻ Visualisieren Sie nun Ihre ganz persönliche Fessel, von der Sie sich befreien wollen: Die ungeliebte Arbeit, die einengende Partnerschaft oder blockierende Gefühle wie Angst oder Wut …

✻ Spüren Sie genau hin, wie sich diese Fessel anfühlt. Registrieren Sie aber auch, wie es sich anfühlt, sie unbedingt loswerden zu wollen. Bleiben Sie offen und lassen Sie alle Emotionen, so wie sie gerade sind, aufsteigen. Falls Tränen kommen, lassen Sie diese ungehindert fließen.
Agieren Sie jedoch Gefühle wie Wut oder Ärger nicht aus, sondern spüren Sie nur genau hin, wie sie sich anfühlen.

✻ Richten Sie dann den Fokus auf Ihren Körper und beobachten Sie den Fluss Ihres Atems. Werden Sie ganz ruhig. Lassen Sie alle Gefühle für einen Moment los.

Ein wunderschöner Ort

✳ Stellen Sie sich nun vor, Sie liegen an einem wunderschönen Ort – vollkommen sicher und geborgen. Ihre Fantasiereise hat begonnen!

✳ Malen Sie sich diesen Ort oder die Landschaft in lebhaften Farben aus. Beachten Sie jedes noch so kleine Detail. Versuchen Sie nicht, das, was vor Ihrem inneren Auge erscheint, zu beeinflussen oder zu verändern, und setzen Sie sich nicht unter Druck.

Ich selbst war zum Beispiel sehr überrascht, als ich mich in einer vollkommen kargen, allerdings in wunderschönen Pastelltönen gehaltenen Wüste wiederfand. Und obwohl ich mich dort sehr sicher und aufgehoben fühlte, dachte ich zunächst, etwas sei falsch gelaufen. Landet man bei diesen Fantasiereisen nicht eher an traumhaften Stränden oder auf lichtdurchfluteten Waldlichtungen? Nein, Ihr Herz weiß sehr genau, wo der Ausgangspunkt Ihrer Reise sein soll, vertrauen Sie darauf!

✳ Bleiben Sie so lange an diesem heilsamen Ort, wie Sie möchten, und kommen Sie dann in die Realität zurück.

✳ Notieren Sie sich anschließend Ihren inneren Ort in Stichpunkten mit seinen wichtigsten Attributen, damit Sie die Verbindung dazu aufrechterhalten und beim nächsten Mal daran anknüpfen können (siehe Seite 60).

Dieser Ort soll sich von nun an in Ihrem Herzen regelrecht verankern. Wann immer er Ihnen also auch im Alltag in den Sinn kommt: Verweilen Sie dort, und sei es nur für ein paar Sekunden. Er wird dadurch immer mehr an Gestalt annehmen und Ihnen mit der Zeit eine sichere Zuflucht schenken, um Sie von dort aus irgendwann weiter zum Mittelpunkt Ihres Herzens zu führen.

Ich kann mich noch genau an den Tag erinnern, an dem ich plötzlich feststellte, dass sich etwas in meiner behaglichen Wüste getan hatte. Bis dato hatte ich mehrere Reisen dorthin unternommen, doch meistens lag ich einfach nur rum und genoss die Weite des Raumes – freilich immer mit dem Hintergedanken, dass sich hoffentlich irgendwann Hinweise zur Auflösung meiner Fessel zeigen würden.

An jenem Tag saß ich real im Zug und schaute gelangweilt zum Fenster hinaus, als ich plötzlich an meine »innere Wüste« denken musste. Ich schloss die Augen und genoss einmal mehr die Weite, die mich umfing, als ich plötzlich am Horizont etwas Großes erblickte. Die Wüste war nicht mehr leer. Die Zugfahrt war lang, also beschloss ich, mich zurückzulehnen und die Fantasiereise fortzusetzen.

Das »große Ding« entpuppte sich als Jahrmarkt, bevölkert von Schaustellern und Gauklern. Und als ich mich in meiner Fantasie dorthin begab, erkannte ich, dass manche Menschen dort meine Extreunde waren. Alle Expartner und Liebschaften, die ich längst aus den Augen verloren hatte, aber auch jener Mann, von dem ich mich zu jener Zeit partout nicht lösen konnte, tummelten sich auf dem Platz. Ich konnte mir damals keinen Reim auf das Ganze machen, doch jedes Mal, wenn ich nach dieser Zugfahrt meine Fantasiereise in die Wüste wieder aufnahm, stand dort dieser Jahr-

markt und mittendrin meine ganz persönliche »Fessel«: Lars, der Mann, an den ich immer noch emotional gebunden war.

Begegnungen aller Art

✳ Notieren Sie sich Gegenstände und Menschen, Tiere oder Fantasiewesen, die Ihren inneren Ort bevölkern, immer wieder auftauchen oder sich auch nur kurz zeigen. Versuchen Sie nicht, sich durch Nachdenken einen Reim darauf zu machen, sondern lassen Sie das Geschehen einfach in Ihrem Herzen ruhen, bis sich wieder etwas tut.
Beobachten Sie genau, wie die Dinge und Lebewesen aussehen, und schreiben Sie sich auffällige Details auf (Seite 60).

Die Bilder werden für sich sprechen, und eines Tages werden Sie verstehen, um was es geht. Sie müssen und dürfen Vertrauen haben in Ihre eigene Kraft, Fesseln zu sprengen und Probleme zu lösen.
Im Laufe der Zeit wird sich ganz von allein eine Art Heilungsgeschichte in Ihnen entwickeln, bei der Sie nur als Beobachter fungieren müssen.

NOTIZEN ZU MEINER FANTASIEREISE

MEIN INNERER ORT:

DINGE, DIE EINE BEDEUTUNG HABEN KÖNNTEN:

MENSCHEN UND ANDERE WESEN, DIE MIR BEGEGNEN:

WICHTIGE BOTSCHAFTEN:

DER ROTE FADEN MEINER REISE – UM WAS GEHT ES?

Manche Kulturen erzählen in diesem Rahmen von Krafttieren, die sich zeigen, oder von wundersamen Engeln, die schützend ihre Schwingen über uns ausbreiten. Die Frage, ob all diese Wesenheiten tatsächlich existieren, ist für diese Übung nicht relevant. Manche Menschen glauben daran, manche nicht. Wichtig ist einzig und allein, dass wir durch das Anregen unserer Fantasie ungeahnte Quellen der Weisheit und Heilung anzapfen können. Solange sich etwas für Sie und Ihr Weiterkommen richtig anfühlt und Sie anderen nicht damit schaden, lassen Sie es zu. Gehen Sie Ihren eigenen inneren Weg.

Wie bereits erwähnt, arbeiten auch einige buddhistische Traditionen mit Visualisierungen. Während der Meditation verbindet man sich zum Beispiel mit Furcht einflößenden Dämonen oder mitfühlenden Gottheiten, um sich den eigenen Unzulänglichkeiten, aber auch der inneren Schönheit und den liebenswerten Anteilen des Herzens zu stellen. So werden alte Gefühle und Blockaden aufgespürt und gelöst und heilsame Geisteszustände kultiviert.

Wichtige Botschaften

✳ Notieren Sie sich wichtige Botschaften, die Sie – ob tatsächlich ausgesprochen oder nur durch Gesten angedeutet – von diesen Wesen, Menschen oder Tieren empfangen: Was haben sie Ihnen zu sagen? Worauf möchten sie hinweisen? Wichtig ist wiederum, dass Sie nicht krampfhaft darüber nachdenken, ob es denn Botschaften gibt und wie sie wohl lauten könnten, sondern dass Sie sich erneut dem Prozess hingeben und abwarten (Seite 61).

Eines Tages erschien an meiner eigenen Jahrmarktsbude (ja, auch ich wurde im Laufe meiner Fantasiereise zur Schaustellerin!) ein kleines Kind, ein Junge, der mich bat, mit ihm zu kommen. Wir setzten uns auf zwei Holzschemel direkt neben dem Eingang des Jahrmarktgeländes und schauten still in die Weite der Wüste hinaus. Tagelang sprachen wir kein Wort miteinander, und ich konnte mir überhaupt keinen Reim darauf machen, was dieser Junge von mir wollte. Ich musste geduldig abwarten, bis er sich mir offenbarte. Seine Botschaft war dann allerdings mehr als eindeutig!

Der kleine Junge war da, um meinen Platz an der Seite von Lars einzunehmen – den Platz, den ich innerlich einfach nicht aufgeben wollte und der mich wie ein starkes Seil an die Vergangenheit band. Während der Junge mir erzählte, dass er der Schutzengel von Lars sei und dass nicht mehr *ich,* sondern ab jetzt *er* für dessen Wohlergehen zuständig sei, da fiel mir eine gewaltige Last von den Schultern.

dem mein Herz trotzdem hing. Und ich weinte um meinen Vater, der so wenig Zeit für mich als Kind gehabt hatte und dem ich ständig hinterhergelaufen war.

Ich weinte schlichtweg um mein eigenes inneres Kind, das sich nach Liebe und Geborgenheit sehnte. Die Tröstungen und liebevollen Botschaften, die mir der kleine Junge dabei manchmal zuflüsterte, hielt ich in einem klei-

> *»Vertrauen:*
> *Im Schnee an die Kraft der Krokusse glauben.*
> *Unter alter Haut den neuen Menschen wachsen lassen.*
> *Im Dämon der Nacht den Engel spüren.*
> *Im Fallen auf seine großen Hände hoffen.«*
> *Wilhelm Bruners*

Und gleichzeitig öffneten sich uralte Wunden und begannen wieder, heftig zu bluten.

Über viele Wochen veränderte sich nun auch dieses Bild nicht: Ich saß jedes Mal, wenn ich mich innerlich mit meiner Fantasiereise verband, mit dem kleinen Jungen vor dem Eingang des Jahrmarkts. Ich weinte viel in dieser Wüste, und er hielt dabei oft meine Hand. Ich weinte um diesen Mann, der mich nicht haben wollte und an

nen Büchlein fest. Sie haben bis heute nicht ihre Gültigkeit verloren.

Und dann, eines Tages, begann sich der Junge zu verwandeln. Er häutete sich regelrecht und wuchs vor meinen Augen zu einem Mann heran. Seine Haut schimmerte wie funkelnde Diamanten und seine Augen durchbohrten mich, um direkt in mein Herz zu schauen. Ich müsse nun gehen, sagte er zu mir. Weg von dem Jahrmarkt, hinaus in die Wüste. Dort würden neue

Erfahrungen und Menschen – ja, auch neue Männer! – auf mich warten. Meine Zeit hier an diesem verlassenen Ort und im Jahrmarkt sei nun abgelaufen. Er selbst müsse zurück zu seinem Schützling. Er versprach mir, gut auf ihn aufzupassen und ihn zu behüten. Ich solle mir keine Sorgen mehr um ihn machen; er habe seine eigenen Dinge zu lernen. Meine Zeit mit ihm sei nun ein für alle Mal vorbei, und um mich weiterentwickeln zu können, müsse ich Lars jetzt endgültig den Rücken kehren.

Ich weinte wieder. Aber ich ging, ängstlich zwar, in die leere Wüste hinein. Der Junge, der nun kein Junge mehr war, winkte mir aufmunternd zu, und dann verschwand er durch den Eingang wieder in der Menschenmasse auf dem Jahrmarkt, um zu Lars zurückzukehren.

Ich fühlte mich zwar schrecklich allein, doch Schritt für Schritt entfernte ich mich von den bunten Buden, Karussellen und der lauten Musik.

Wie bereits erwähnt, ist meine persönliche Fantasiereise noch lange nicht zu Ende. Mittlerweile habe ich die Wüste verlassen. Eine Zeit lang kreiste ich in Gestalt eines weißen Adlers über ihr, immer noch Ausschau nach Altem haltend.

Manchmal begegnet mir auch heute noch Lars, der Mann, an den ich mich so viele Jahre selbst gefesselt hatte, in neuer Gestalt. Als ich ihn zuletzt auf dieser Reise gesehen habe, knurrte er mich im Körper eines alten, müden, räudigen Wolfes von Weitem an. Er lag krank und mit trüben Augen auf dem Boden. Sein Beschützer war immer noch bei ihm. Mein Herz tat mir bei seinem Anblick ein bisschen weh, aber ich wanderte weiter.

Mittlerweile spüre ich immer häufiger, dass es in Richtung Freiheit geht, denn mein Innerstes fühlt sich zunehmend leichter an. Neue Menschen sind, nicht nur in meiner Fantasie, in mein Leben getreten. Heute weiß ich, dass sie alle da sind – ob in Gestalt eines Fabelwesens oder eines »echten« Menschen aus Fleisch und Blut –, um mir auf meinem Weg zur Befreiung und letztendlich zu mehr Liebe in meinem Leben zu helfen. Ich muss nur genau hinsehen und die Botschaften zu deuten wissen.

Der rote Faden

✳ Notieren Sie sich zu guter Letzt den »roten Faden«, der sich womöglich durch Ihre Fantasiereise zieht oder gezogen hat: Um was geht oder ging es? Was genau soll oder darf aufgelöst werden? Woraus dürfen oder müssen Sie lernen? Welche Prüfungen hält das Leben für Sie bereit?

Die Geschichte weiterschreiben

Vielleicht möchten Sie Ihre Fantasiereise, einem Roman oder einer Kurzgeschichte gleich, als fortlaufende Geschichte aufschreiben. So können Sie auch später den Verlauf Ihrer Erlebnisse nachlesen und Schlüsse daraus ziehen. Lassen Sie diese innere Reise zu einem steten Begleiter Ihres Lebens werden, dem Sie bedingungslos vertrauen können. So werden Erfahrungen spielerisch und kreativ integriert und angenommen und in manchen Fällen sogar in Positives transformiert.

Ihrer Fantasie in Sachen Fantasiereisen sind übrigens buchstäblich keinerlei Grenzen gesetzt. Sie können auf diesen Reisen Heilern, Heiligen und anderen Helfern begegnen. Ja selbst die Gestalt des Buddha soll hier und da schon mal aufgetaucht sein.

Ein kleiner Tipp von mir: Notieren Sie sich zusätzlich Ihre Träume! Nächtliche Träume sind im Grunde auch Fantasiereisen, die direkt in unser Unterbewusstsein hineinführen, um wertvolle Hinweise auf unsere Fesseln und Blockaden zu liefern.

Auf der Durchreise

Auf seiner Durchreise beschloss ein fahrender Händler, den berühmtesten Rabbi der Stadt aufzusuchen. Er hatte schon viel von der Weisheit des alten Mannes gehört und wollte sich bei der Gelegenheit von ihm ein paar Ratschläge für die Zukunft geben lassen.

Als der Mann das winzige Zimmer, das der Gelehrte bewohnte, betrat, staunte er über dessen Kargheit. Lediglich ein einzelner Stuhl – auf dem der Rabbi saß – befand sich in einer Ecke. An der Längsseite des Raumes stand ein schmales, grob gezimmertes Bett, darüber ein kleines, spärlich bestücktes Bücherregal. Die wenigen Kleider des Gelehrten hingen an einem einfachen Haken hinter der Tür. »O weiser Herr, wo sind denn die Möbel und deine anderen Habseligkeiten?«, fragte der Reisende verblüfft. »Nun, mehr, als du in diesem Zimmer versammelt siehst, besitze ich nicht«, erwiderte der Rabbi lächelnd. »Aber wo hast du denn deine Möbel gelassen?«

»Verehrter Rabbi, die sind natürlich zu Hause, ich bin doch hier nur auf der Durchreise!«, entgegnete der fahrende Händler schmunzelnd. »Na, dann haben wir ja etwas gemeinsam, ich bin nämlich auch nur auf der Durchreise!«, sagte der Rabbi und brach in schallendes Gelächter aus.

Wir vergessen beziehungsweise verdrängen sehr oft, dass auch wir nur »Durchreisende« auf dieser Erde sind. Unser Geist gaukelt uns auf trügerische Weise Beständigkeit vor, doch in der Stunde unseres Todes müssen wir alles loslassen. Wenn wir uns aber bereits vorher im Loslassen immer wieder geübt haben, dann fällt uns auch der unausweichliche Abschied vom Leben leichter.
Dem Buddha offenbarte sich das Loslassen – und damit auch die Befreiung von den inneren Fesseln – in den beiden letzten edlen Wahrheiten.

»Hier also ist der Widerspruch, dass der Mensch das, was er will, durch sein Wollen zunichtemacht.«
Friedrich W. Schelling

Die dritte edle Wahrheit: Erlischt das Verlangen, erlischt das Leiden

»Dies nun, ihr Mönche, ist die edle Wahrheit von der Auflösung des Leidens: Es ist dieses Durstes restlose (…) Auflösung, von ihm zurückzutreten, ihn loszulassen, sich von ihm zu lösen, nicht mehr an ihm zu haften (…). Wo immer etwas ist, das liebenswert und erfreulich ist, da wird der Durst aufgegeben und aufgelöst …«, formulierte der Buddha seine dritte edle Wahrheit.

Als ich dies zum ersten Mal während eines Meditationskurses aus dem Munde meines Lehrers hörte, ließ es mich ziemlich ratlos zurück. Sollte ich mich nun auf ein ziemlich freudloses Leben einstellen, auf Askese und Verzicht, so ganz ohne Leidenschaft und Ekstase? Im Laufe dieses Kurses erlernte ich auch die Grundlagen der Vipassana-Meditation (Seite 49). Sie half mir, den Text tiefer zu verstehen.

Lass los, was losgelassen werden kann!

Im Grunde spricht der Buddha nur noch einmal deutlich aus, was wir auf den letzten Seiten bereits gelernt haben: Lass los, was losgelassen werden kann, und nimm hin, was sich nicht ändern lässt! Lass vor allem aber deine Jagd nach Glück los, denn sie wird dich auf Dauer nicht glücklich machen! Alles, wirklich *alles* unterliegt dem ständigen Wandel. Sich nach dauerhaftem Glück zu sehnen ist eine Illusion, die es aufzugeben gilt. Dieses Anhaften am Verlangen, am Begehren, am »Durst« ist eine der stärksten Fesseln überhaupt. Sich davon zu befreien bedeutet, wahre Freiheit im Herzen zu erlangen. Dann

beginnen wir, uns dem zu stellen, was gerade ist – der Realität –, und werden darin unser wahres Glück finden.

Übung: Vorläufige Lebensbilanz

Was wollen oder können Sie in Ihrem Leben loslassen? Ziehen Sie Bilanz, und zwar mithilfe einer simplen Gut/Schlecht-Tabelle (siehe rechte Seite):

✳ Was finden Sie gut in Ihrem Leben – und worauf könnten Sie dankend verzichten? Wo haben Sie Erfolg – und was gelingt Ihnen gar nicht? Was ist schön – und was nicht? Diese Liste ist beliebig erweiterbar; wann immer Ihnen etwas einfällt, schreiben Sie es in eine der beiden Spalten.

✳ Dann kommt der zweite Schritt, die eigentliche Übung: Reflektieren Sie nach und nach über alles, was Sie aufgeschrieben haben – vielleicht auf einem extra Blatt Papier: Warum ist das so? Worin liegt die tiefere Bedeutung? Reflektieren Sie aber nicht nur über die »dunkle Seite«, nehmen

Sie auch das Gute unter die Lupe: Warum finde ich das schön? Warum bedeutet mir das so viel?

Ziel der Übung ist es nicht, Schlechtes in Gutes zu verwandeln oder unser Leben zu bewerten. Damit wären wir nämlich wieder beim alten Dilemma: beim Verlangen und Abwehren oder beim Anhaften an diesen beiden emotionalen Zuständen. Ziel ist es, die Hintergründe für die guten ebenso wie für die »schlechten« Dinge im Leben genau zu durchleuchten, um dann zu entscheiden, was auf beiden (!) Seiten losgelassen werden kann – beziehungsweise was angenommen und eben dadurch in einer anderen, viel subtileren Form losgelassen werden kann. Das erfordert sehr viel Mut und Ehrlichkeit.

Im Grunde soll also der »Strich«, der die Tabelle in zwei Seiten teilt, »durchlässiger« werden, sodass Sie von »gut« und »schlecht« weniger abhängig werden. Das ist revolutionär und vollkommen konträr zu dem bei uns verbreiteten Denken und Handeln, das im Grunde immer nur darauf zielt, es sich »so gut wie möglich gehen zu lassen« – und sei es auf Kosten unserer Mitmenschen und unseres Planeten.

MEINE LEBENSBILANZ

GUT	SCHLECHT
....	....
....	....
....	....
....	....
....	....
....	....
....	....
....	....
....	....

WARUM IST DAS SO?

....

....

....

....

....

....

Aus Leid erwächst Kreativität

Natürlich sollen Sie nicht in unschönen und leidvollen Situationen verharren und erstarren. Dieses Buch handelt vom Sprengen leidvoller Fesseln, und der Buddha fordert Sie auf, aktiv zu handeln, um ein erfülltes und glückliches Leben führen zu können.

Nutzen Sie diese inneren und äußeren Fesseln als Antriebskraft, als Energieschub in Richtung Befreiung. Es ist oft das Leid in seinen vielfältigen Erscheinungsformen, das uns dazu antreibt, in unserem Leben etwas zu verändern. Vergessen Sie das nicht und beginnen Sie, diese Energie wertzuschätzen!

In meinem Freundeskreis sind viele Künstler, und manche von ihnen sind beruflich sehr erfolgreich. Wir diskutieren oft über den Quell unserer unterschiedlichen künstlerischen Ausdrucksformen, und dabei stehen bei vielen von uns das Leid, der Schmerz oder unerfüllte Sehnsüchte als Inspiration ganz oben auf der Liste.

Wir sind uns auch jedes Mal einig: Die ganz Großen der vorangegangenen Epochen – wie Mozart, Beethoven, Van Gogh oder Rilke, um nur einige zu nennen – hätten ihre Talente ohne die Auseinandersetzung mit den tiefsten Untiefen ihrer Seelen niemals so großartig entfalten können. Leiden kann auch Flügel verleihen.

Devas – glückliche Himmelswesen

Haben Sie schon einmal von den Devas gehört? Devas sind wunderschöne himmlische Wesen der indischen Mythologie, die in jener höheren Dimension heimisch sind, die auch als »glückliche Sphäre« bekannt ist. Ihr Aussehen ist mit unserer Vorstellung von Engeln vergleichbar: Sie sind von großer Schönheit und umgeben von einer Aura des Göttlichen. Das durchschnittliche Höchstalter dieser Lichtwesen beträgt mehrere Hundert Jahre, aber dann müssen auch sie sterben. Devas sind, genau wie wir Menschen, dem Kreislauf von Geburt und Tod unterworfen. Im Himmelreich der Devas läuft alles wie am Schnürchen. Leid, Schmerz und all die anderen unschönen Gefühle, mit denen wir uns hier auf Erden herumschlagen, kennen diese Wesen nicht. Ihre Welt besteht aus Liebe und Schönheit, aus Freude, Licht und schier endlosem Vergnügen, ohne dass andere dabei zu Schaden kommen. Devas sind sowohl in der hinduistischen Tradition als auch im Buddhismus bekannt. Für Menschen, die an Wiedergeburt glauben, kann es sehr verlockend sein, das Licht der Welt im Körper einer Deva erblicken zu dürfen. Doch nach Auffassung der Buddhisten gibt es da einen nicht unerheblichen Haken! Für sie hat die Geburt im Körper eines Men-

schen eine viel größere Bedeutung, denn ihrer Überzeugung nach ist das eine der besten Voraussetzungen, um Befreiung, also Erleuchtung, zu erlangen.

Freilich sind ein paar Hundert Jahre als Deva sicher nicht zu verachten, aber nur der Mensch leidet nach Meinung der Buddhisten »im richtigen Maße«, und das ist für sie von entscheidender Wichtigkeit. Stellen Sie sich einfach mal vor, Sie haben den Joker gezogen und leben als Deva in himmlischen Sphären. Ihnen fehlt es an nichts, Sie sind rundum glücklich und zufrieden. Wollen Sie in dieser Situation denn noch irgendetwas ändern? Der stete Wandel ist Ihnen vermutlich total egal, denn für die nächsten Jahre haben Sie Ihre Schäfchen ja im Trockenen. Ihnen fehlt schlichtweg der Antrieb, sich aus dem goldenen Käfig zu befreien, denn der ist sicher und bequem, wenn auch nicht für immer und ewig.

Es gibt aber ebenso das genaue Gegenteil: die untersten Höllenregionen. Dahinein möchte mit Sicherheit niemand geboren werden, denn das Leid ist dort schier unermesslich – und dauert ebenfalls

mehrere Hundert Jahre an, bis man dann elendig stirbt. Wesen, die dort leben, können sich nicht auf ihre innere Befreiung konzentrieren, weil sie vom Schmerz komplett in Beschlag genommen werden.
Bleibt also nur der Mensch. Leid und Glück hält sich bei uns einigermaßen die Waage, und wir verfügen über das nötige Bewusstsein und auch über genügend Grips, leidvolle Erfahrungen als Schubkraft für Veränderung, Richtungswechsel und Befreiung zu nutzen.

In der folgenden Erzählung möchte ich Ihnen einen weiteren Aspekt der Deva-Geschichte aufzeigen, den wir zuweilen übersehen. Wir vergessen nämlich leider häufig, dass auch wir hier auf Erden Schätze mit uns herumtragen, die den Glückszuständen der Devas in – fast – nichts nachstehen. Auch wir sind mit Liebe, Freude und Zufriedenheit gesegnet, wir suchen all diese Dinge nur leider allzu oft im Außen und erkennen nicht, wo sie wirklich zu finden sind.

»Vergessen Sie nie:
Das Leben ist eine Herrlichkeit.«
Rainer Maria Rilke

Der beste Taschendieb der Welt

In den engen Gassen jenes Stadtviertels, wo die Goldschmiede und Schmuckhändler dicht gedrängt in kleinen Läden ihre Waren feilboten, trieb schon seit vielen Jahren ein wahrer Meisterdieb sein Unwesen. Noch nie hatte ihn jemand zu Gesicht bekommen, und doch kannte ihn jedes Kind; die Geschichten um seine gerissenen Gaunereien waren bis in den letzten Winkel der Stadt und sogar weit über ihre Grenzen hinaus bekannt.
Eines Tages beobachtete dieser Mann aus sicherer Entfernung, wie ein fein gekleideter Herr um einen großen, lupenreinen Diamanten feilschte. Der Dieb hatte noch nie so einen schönen Stein gesehen, und als sich die beiden Händler geeinigt hatten und der Diamant in der Hosentasche des Käufers verschwunden war, heftete sich der Gauner an dessen Fersen. Als der neue Besitzer des kostbaren Steins in einen Zug stieg, zögerte der Dieb nicht lange und sprang hinterher.
Drei Tage und Nächte fuhren die beiden durch das Land, und in

dieser Zeit durchsuchte der Lang-
finger mehrmals heimlich die Ta-
schen des Händlers, doch er fand
nichts. Der Diamant war wie vom
Erdboden verschluckt. Am Ziel der
Reise angelangt, stand der Meister-
dieb immer noch mit leeren Händen
da. Er war bitter enttäuscht, galt
er doch in seiner Zunft als der beste
Taschendieb aller Zeiten. Außerdem
brannte er darauf, den Stein in sei-
nen Besitz zu bekommen.
Der Dieb folgte dem Händler auch
nach der Ankunft, immer noch auf
eine Gelegenheit wartend, sich des
Juwels zu bemächtigen. Doch so oft
er auch heimlich in die Taschen des
Fremden griff, er griff immer wieder
ins Leere. Verzweifelt fasste er sich
schließlich ein Herz und sprach den
Mann an:
»Mein Herr, ich bin einer des be-
kanntesten Taschendiebe der Welt.
Ich habe Sie beobachtet, wie Sie
einen wunderschönen, lupenreinen
Diamanten gekauft haben. Nun
folge ich Ihnen bereits seit Tagen
und habe all meine Kunstfertigkeit
aufgebracht, um Ihnen diesen Stein
zu entwenden. Doch ich konnte
ihn nicht finden. Ich bitte Sie, mein
Herr, enthüllen Sie Ihr Geheimnis

und sagen Sie mir, wo Sie den Dia-
manten verborgen haben.«
Da erwiderte der Diamantenhänd-
ler: »Ich habe schon, während ich
um den Stein feilschte, bemerkt,
dass du mich beobachtest, und da-
raus geschlossen, dass du ein Dieb
bist. Also habe ich den Stein dort
versteckt, wo du ihn am wenigsten
vermutest.« Damit griff er dem Ta-
schendieb in die Jackentasche und
holte den funkelnden Stein heraus.

Wir sehnen uns oft nach Dingen und
Erfahrungen, die weit außerhalb unserer Reichweite sind. Das stresst uns
und enfernt uns von der Realität.
Wir wollen oft das, was andere haben,
und sind mit unserem eigenen Leben
nicht zufrieden. Oder wir vergleichen
unser Glück mit dem der anderen und
wollen immer mehr.
Wenn wir aber bereit sind, das Herz
von all seinen Blockaden und Verkrustungen zu befreien, dann beginnt
unser eigener innerer Diamant zu
strahlen und wir müssen nicht mehr
bei anderen danach suchen.
Die folgende Übung ist auf den ersten
Blick etwas ungewöhnlich und hat es
wirklich in sich, aber sie wirkt wunderbar befreiend und nährend zugleich.

»Je schöner und voller die Erinnerung, desto schwerer ist die Trennung. Aber die Dankbarkeit verwandelt die Erinnerung in eine stille Freude. Man trägt das vergangene Schöne nicht wie einen Stachel, sondern wie ein kostbares Geschenk in sich.«
Dietrich Bonhoeffer

Übung: Die Grabrede

✳ Versetzen Sie sich in die Rolle eines guten Freundes, Ihrer besten Freundin oder eines Menschen, von dem Sie wissen, dass er Sie von Herzen liebt und Ihnen wohlgesonnen ist. Wenn Ihnen niemand einfällt, dann seien Sie für diesen Moment selbst Ihr bester Freund.

✳ Stellen Sie sich nun vor, dass dieser Freund oder diese Freundin Ihre Grabrede verfasst. Es sollen die letzten Worte sein, die Ihnen zum Geleit in eine andere Welt mitgegeben werden. Alles, was an Ihnen liebenswert und besonders ist, soll noch einmal ausgesprochen werden. Versuchen Sie, sich darin einzufühlen, was Ihre Freunde und Liebsten an Ihnen schätzen, und schreiben Sie es auf.

✳ Schmücken Sie die Rede zu Ihren Ehren mit liebevollen Erinnerungen und Details aus Ihrem Leben aus. Schreiben Sie eine Hymne auf dieses einzigartige Leben, das niemand vor Ihnen gelebt hat und keiner nach Ihnen jemals in dieser Weise leben wird. Machen Sie sich bewusst, wie kostbar und unvergleichlich dieses Leben ist, und graben Sie für die Rede alle Schätze und Juwelen aus, die Sie finden können. Lassen Sie Ihren Gefühlen freien Lauf und umarmen Sie sich selbst innerlich mit Stolz, Dankbarkeit und Rührung.

✳ Lassen Sie sich für das Formulieren der Zeilen genügend Zeit, damit wirklich alles Positive an die Oberfläche gelangen kann und Sie sich satt und genährt davon fühlen können.

»Ein Kompliment ist Sonnenschein mit Worten.«
Phil Bosmans

MEINE GRABREDE

....

....

....

....

....

....

....

....

....

....

....

....

✳ Lesen Sie sich nun – genau wie es ein Freund an Ihrem Grab auch tun würde – Ihre Rede laut und feierlich vor. Vielleicht möchten Sie dabei Kerzen anzünden und sich festlich kleiden. Lassen Sie Ihrer Fantasie freien Lauf. Wichtig ist, dass Sie sich und Ihr bisheriges Leben gebührend würdigen.

Mutig Neuland betreten

Um frei von unseren Fesseln werden zu können, müssen wir vor allem die eingefahrenen Blickwinkel ändern, die uns die Sicht auf die Wirklichkeit versperren. Wir müssen uns auf neue Denkweisen und -ansätze jenseits der bisherigen Wege und Vorstellungen einlassen. Das erfordert Mut und setzt eine Bereitschaft für Neues und Unbekanntes voraus.

Auf den vorangegangenen Seiten hat der Buddha uns gezeigt, wie die meisten eingefahrenen Muster, die uns plagen und behindern, überhaupt zustande kommen: durch Verlangen und Abwehr beziehungsweise durch unser Festhalten daran, aber vor allem, weil wir an unserer Art zu denken festhalten, weil wir ständig bewerten und urteilen und meist felsenfest und unverrückbar an unsere Urteile glauben.

Immer wieder begegnen mir zum Beispiel Menschen, die mich glühend um meine Arbeit beneiden. Ich lebe als freischaffende Autorin ein selbstbestimmtes, kreatives Berufsleben, das mir sehr viel Spaß macht, und ich bin oft zu Recherchezwecken auf Reisen.

Ich hätte mir vor Jahren nicht träumen lassen, dass diese Art zu arbeiten für mich jemals möglich sein könnte. Gerade ihren Job empfinden aber viele Menschen als extrem einschränkend. Viele langweilen sich in ihrer Arbeit und zählen die Stunden bis zum Feierabend. Kaum einer kann sich noch frei und kreativ am Arbeitsplatz entfalten, es herrschen Tristesse und Eintönigkeit vor, manchmal sogar Mobbing und Unterdrückung.

Natürlich ist mir bewusst, dass sich nicht jeder vollkommen frei in seinem Beruf verwirklichen kann – wir müssen uns an Regeln halten –, aber dennoch bin ich immer wieder erstaunt, wie sich die Menschen, die zu mir kommen, nach Veränderung diesbezüglich sehnen, aber im Gegenzug nicht bereit sind, sich zum Beispiel von ihren Vorstellungen von Sicherheit, Karriere oder Erfolg zu trennen.

Das Leben entfaltet sich ohne unser Zutun

Die meisten von ihnen hätten am liebsten einen vorgefertigten Plan in der Schublade, wie der neue, tolle Arbeitsplatz oder die kreative Verwirklichung im besten Fall zu sein hat oder einmal sein wird. Sie vergessen dabei, dass man in solche Wünsche und Ideen organisch hineinwachsen muss; sie entstehen nicht an einem imaginären inneren Reißbrett. Neues braucht Raum, um sich entfalten zu können. Aber unser innerer Raum ist oft vollgestopft mit altem Krempel, mit Meinungen, Gedankengebauden und ungelösten Blockaden. Und darunter schlummert die Angst: Angst vor Unbekanntem, Angst davor, die Kontrolle zu verlieren, Angst vor den Unsicherheiten des Lebens und auch – oder vor allem! – die Existenzangst.

Sich Neuem zu öffnen kann eine große Herausforderung sein, aber uns bleibt, wollen wir uns wirklich ernsthaft von unseren Fesseln lösen, meiner Auffassung nach gar nichts anderes übrig, als uns dem Strom der Erfahrungen, die das Leben bereithält, immer wieder frisch anzuvertrauen.

Das Leben erfindet und entfaltet sich mit oder ohne unser Zutun in jeder Sekunde neu; wir können uns entweder entscheiden, kopfüber hineinzuspringen und voller Neugier und Forschergeist mitzufließen, oder aber die Schotten dicht machen und uns dagegen wehren.

Wir müssen bereit sein, Risiken einzugehen, um Neuland zu betreten, und dabei in Kauf nehmen, Altes zu verlieren. Und wir sollten dabei verstärkt auf die kleinen Schritte achten und sie wertschätzen – diese feinen, zarten Zwischentöne, die Veränderungen ankündigen und die zu Beginn vielleicht eher zu erahnen sind, als dass sie wirklich konkret greifbar wären. Wir können wieder lernen, auf unser Herz und auf das grundsätzlich Gute in uns zu vertrauen.

Und wir dürfen im Rahmen dessen auch wieder öfters Nein sagen, denn ein ehrliches Nein zu anderen ist keine Abwehrreaktion eines ungeprüften Gedankenkarussells, sondern ein echtes Ja zu sich selbst.

Übung: Sich Neuem öffnen

Mithilfe der folgenden kleinen Alltags-übungen erlauben Sie Ihrem inneren Kind, zum Vorschein zu kommen. Kinder sind von Natur aus offen. Sie haben in der Regel noch keine einge-bauten »Filter« wie beispielsweise die Angst oder diverse antrainierte Ab-wehrmechanismen. Sie begegnen ihrer Umwelt offen und neugierig. Zwar spielt auch bei den Kleinsten das Ver-langen eine große Rolle, allerdings ist es da meist noch mit einem unstill-baren Forscherdrang gepaart, der allen gesunden Kindern zu eigen ist. Im Laufe unseres Erwachsenwerdens wird dieser spielerische Forschergeist durch Erziehung und gesellschaftli-che Zwänge und Regeln immer weiter eingeschränkt, bis er in vielen Fällen komplett zum Erliegen kommt. Fol-gende Dinge können Sie beliebig und vor allem spielerisch in Ihr tägliches Leben integrieren:

* Suchen Sie sich in Ihrem Heimat-ort bewusst neue Wege, die Sie beschreiten können, und verlas-sen Sie so immer wieder mal Ihre eingefahrenen Pfade. Wählen Sie zum Beispiel eine neue Fahrrad-strecke durch unbekannte Stra-ßen oder Stadtviertel, um an Ihr Ziel beziehungsweise an Ihren Arbeitsplatz zu kommen.

* Testen Sie einen anderen Bäcker oder einen fremden Supermarkt, den Sie sonst nie besuchen.

* Fahren Sie Bus, wenn Sie sonst immer die U-Bahn nehmen – auch wenn Sie vielleicht mehrmals um-steigen müssen.

* Kaufen Sie sich eine exotische Frucht, die Sie noch nicht kennen.

* Wenn Sie Opernliebhaber sind, gehen Sie auf ein Rockkonzert – und umgekehrt.

* Stellen Sie die Möbel in Ihrer Woh-nung um.

* Denken Sie sich immer wieder neue Dinge aus, um Ihren verkrus-teten Alltagspanzer zu durch-brechen. Achten Sie dabei auf Ihre Gefühle und Reaktionen. Bleiben Sie mutig und lassen Sie sich von negativen Gedanken oder Emo-

tionen nicht ins Bockshorn jagen. Versuchen Sie, dieser »neuen« Welt mit ihren tausend funkelnden Facetten vorurteilslos und mit einem freudigen, neugierigen Geist entgegenzutreten.

Die Befreiungsliste

Bevor wir uns der vierten und letzten edlen Wahrheit des Buddha widmen, möchte ich Ihnen eine kleine »Befreiungsliste« an die Hand geben, mit deren Hilfe Sie sich orientieren und einen Überblick verschaffen können.
Manches wird Ihnen nach der bisherigen Lektüre des Buches bereits bekannt vorkommen, auf andere Punkte werden wir erst auf den nachstehenden Seiten näher eingehen. Da die vierte edle Wahrheit aber davon handeln wird, wie man sich aktiv und mit sehr konkreten Übungen von Leiden und den damit einhergehenden Fesseln befreit, ist unsere Liste an dieser Stelle genau richtig platziert.

*»Leichtigkeit zu spüren
bringt inneren Frieden mit sich.«
Zenspruch*

1. Nicht in der Vergangenheit leben

Ständig kreisen die Gedanken um längst Vergangenes. Wir lassen alte Verletzungen und Erfahrungen nicht ruhen und kauen zum Beispiel wieder und wieder die Trennung vom Partner durch. So durchleiden wir das Erlebte immer und immer wieder neu und halten daran fest.

2. Nicht in der Zukunft leben

Unsere Gedanken kreisen nicht nur um Vergangenes, sie machen sich auch die Zukunft zu eigen. Der Geist ergeht sich in Szenarien und Sorgen, aber auch in Wunschträumen und Sehnsüchten, von denen wir nicht wissen können, ob sie so überhaupt real werden. Wir haben verlernt, im Hier und Jetzt zu leben.

3. Keine Probleme abwehren

Wir stellen uns nur ungern unseren Problemen und Blockaden – obwohl wir uns doch sehnlichst wünschen, davon befreit zu sein; wir haben es verlernt, für uns selbst Verantwortung zu übernehmen. Wir wehren alle unangenehmen Dinge ab oder gehen ihnen aus dem Weg.

4. Verantwortung übernehmen

Verantwortung für sich selbst zu übernehmen ist ein großes Übungsfeld. Es fordert uns auf, uns den eigenen Unzulänglichkeiten zu stellen und aktiv etwas dagegen zu tun. Es bedeutet, für sich selbst einzustehen und sich wenn nötig von Unheilsamem abzugrenzen oder zu trennen.

Es bedeutet aber auch, sich nicht von der Welt abzuschotten, sondern offen und weitherzig im Leben zu bleiben.

5. Sich nicht selbst verleugnen

Dieser Punkt ist eng mit der vorhergehenden Eigenverantwortung verknüpft. Sich selbst nicht mehr zu verleugnen bedeutet, auf sich und auf das eigene Herz zu hören, sich selbst treu zu bleiben, egal was andere sagen, würdevoll den eigenen Standpunkt zu vertreten und Nein sagen zu können. Versuchen Sie immer, ehrlich zu sein – zu sich selbst und zu anderen. Wahrheit befreit!

6. Sich nicht bestrafen – den Selbsthass aufgeben

Vor Jahren wurde der Dalai Lama auf einer Konferenz mit der Problematik des Selbsthasses konfrontiert. Namhafte Meditationslehrer des Westens baten um seinen Rat, wie in den Kursen mit den vielen Menschen, die sich selbst hassen, umzugehen sei. Der Dalai Lama unterbrach die Sitzung, um sich zunächst das Wort »Selbsthass« erklären zu lassen, denn diesen Begriff kannte er nicht. Er war tief bestürzt über dessen Bedeutung, denn in der tibetischen Welt ist diese Form des Leidens so gut wie unbekannt. Um unserem Selbsthass begegnen zu können und uns dadurch nicht mehr selbst zu bestrafen, müssen wir anfangen, allen negativen Gedanken und Glaubenssätzen in uns Gehör zu schenken. Wir müssen lernen, alte Verletzungen gebührend zu betrauern und anzuerkennen.

7. Nicht schlecht über andere reden

Sie mögen sich vielleicht wundern, dass Klatsch und Tratsch auch als Fesseln in dieser Liste gelandet sind; aber durch unser Gerede – das oft nicht einmal der Wahrheit entspricht – fesseln wir uns in sehr negativer Form energetisch an das Schlechte in uns. Außerdem verengt es das Herz und schottet uns von der Welt ab.

8. Das Gute und Schöne wieder wertschätzen

… in sich selbst und an anderen. Dieser Punkt knüpft an den Selbsthass von Punkt 6 an.

Als ich meine ersten Achtsamkeitskochkurse gab, lud ich einmal meine Mutter dazu ein. Sie ist noch in einer

sonders gut können, zu erfreuen, und »verschenken« Sie Ihre Talente und Fähigkeiten an die Welt und an Ihre Mitmenschen. Jeder Mensch ist mit etwas Besonderem gesegnet – finden Sie heraus, worin Sie gut sind. Lernen Sie, Ihre eigene innere und äußere Schönheit wieder zu schätzen, und

> *»Wer werden will, was er sein sollte,*
> *der muss lassen, was er jetzt ist.«*
> *Meister Eckhart*

Welt aufgewachsen, in der Bescheidenheit – manchmal bis hin zur Selbstverleugnung – die höchste Tugend war. Man hatte damals »sein Licht unter den Scheffel zu stellen«; bloß nicht auffallen, lautete die Devise, auch nicht im positiven Sinn.
Während des Kurses nun gelangen mir alle Gerichte ausnehmend gut, und ich tat dies mit erfreuten Ausrufen kund. Jedes Mal bekam ich dafür von meiner Mutter einen verstohlenen Tritt gegen das Schienbein. »Man sagt von sich selbst nicht, dass man toll gekocht hat!«, zischte sie mir dabei immer wieder leise ins Ohr.
Aber wieso eigentlich nicht? Beginnen Sie, sich an den Dingen, die Sie be-

freuen Sie sich auch an der vielfältigen Schönheit, die Sie in tausendfacher Form umgibt. Freuen Sie sich an dem, was Sie im Leben schon auf die Beine gestellt haben und was Ihnen trotz aller Widerstände und Widrigkeiten bisher gelungen ist.

9. Nobody is perfect – seien Sie, wer Sie sind

Der Druck, etwas oder jemand anders sein zu wollen oder gar zu müssen, ist bei manchen von uns leider sehr stark ausgeprägt. Diese Form des Verlangens ist eine der stärksten Fesseln überhaupt, sagt der Buddha. Unglücklicherweise fügen viele von uns noch eine »Zweitfessel« hinzu:

den Perfektionismus. Treten diese beiden Fesseln zeitgleich auf, dann kann es geradezu gefährlich werden, denn es drohen Erschöpfung, Burn-out und manchmal sogar Depressionen.

Wir übersehen in unserer schnelllebigen und anspruchsvollen Zeit, dass wir mit all unseren Verschrobenheiten, Abgründen, Widersprüchen, Ecken und Kanten tatsächlich schon auf ganz persönliche Weise perfekt sind. Lehnen Sie sich also entspannt zurück und hören Sie auf, immer besser, schneller oder schöner sein zu wollen; Ihr Geist gaukelt Ihnen nur vor, dass Sie fehlerhaft sind.

10. Runter vom Gas!

Apropos schnelllebig: Viele von uns erleben auch die Zeit an sich als eine Fessel, als Geißel der Menschheit. Wir haben keine Zeit mehr, wir haben nur noch Stress. Wir fahren schneller, essen schneller, arbeiten schneller und denken sogar schneller. Ein Grund für diese Schnelllebigkeit ist unsere Raffgier. Wir wollen mehr Geld, einen besseren Job, ein Haus, ein tolleres Auto …

Aber vergessen Sie über all dem nicht: Glück kann man nicht kaufen – und Freiheit schon gar nicht!

11. Das Leben entrümpeln

Das Gegenteil von sinnlosem An-sich-Raffen ist das Entrümpeln. Schaffen Sie Raum. Schaffen Sie Platz im Haus oder in der Wohnung und schaffen Sie Raum in Ihrem Leben. Trennen Sie sich von allem, was Sie einengt und Ihnen die Luft zum Atmen nimmt. Ich weiß, das klingt einfacher, als es ist, aber Sie können ja schon mal im Keller oder auf dem Dachboden anfangen.

12. Träume nicht aufgeben

Verfolgen Sie Ihre Träume – aber nicht auf Biegen und Brechen! Bleiben Sie stets auch »geschmeidig« und offen für die unvorhergesehenen Richtungsänderungen, die das Leben Ihnen beschert. Bleiben Sie neugierig auf das Leben und auf die Geschenke, die es für Sie bereithält.

13. Zweifel und Widerstand als Antriebskräfte nutzen

Lassen Sie sich von Zweifeln und Hindernissen nicht verunsichern, sondern stellen Sie sich ihnen mutig entgegen. Der Buddha sah in Zweifeln und inneren Widerständen immer auch die Herausforderung, den Dingen durch Reflexion und Kontemplation wirklich auf den Grund zu gehen.

14. Sich Stille und Rückzug gönnen

Innere Freiheit braucht Zeit zum Wachsen und einen weiten inneren Raum, damit Neues auch Gestalt annehmen kann. Punkt 10 ermahnte uns bereits in anderer Hinsicht zur Entschleunigung. Wenn wir nach und nach und in allen Bereichen unseres Lebens lernen, den Fuß etwas vom Gaspedal zu nehmen, geben wir den leisen, zarten Zwischentönen wieder mehr Platz, sich zu entfalten.

Ruhe, Rückzug und Zeiten der Stille können sehr hilfreiche und kraftvolle Partner dabei sein, wenn wir die inneren Fesseln sprengen.

15. Sich selbst lieben

Im Grunde ist das der wichtigste Punkt, der auch alle anderen Punkte auf dieser Liste mit einbezieht beziehungsweise sich darauf bezieht. Nur wer sich selbst liebt, ist in der Lage, ein freies, liebevolles und selbstbestimmtes Leben zu leben.

Meine Befreiungsliste

Notieren Sie hier die »Befreiungspunkte«, die Ihnen ganz persönlich wichtig sind:

....

....

....

....

....

....

....

Eigenverantwortung und Empathie

Um es noch einmal klar und deutlich zu formulieren: Der Buddha rief niemals zur Untätigkeit und zu passivem Verharren in Leid und Schmerz auf. Im Gegenteil, ihm waren Eigenverantwortlichkeit und der achtsame Umgang mit allen Lebewesen – einschließlich der eigenen Person – sehr wichtig. Dem Buddha war stets daran gelegen, besonnen und wohlüberlegt an die Dinge heranzugehen, statt überstürzt zu handeln und dabei sich selbst und andere zu verletzen.

An vorderster Stelle standen für ihn – und das gilt auch heute noch – die reflektierte Innenschau und damit das Überprüfen und Beobachten der eigenen Muster und inneren Abläufe. Indem wir erkennen und verstehen, wer und vor allem wie wir wirklich sind, beginnen wir auch das Leben an sich besser zu verstehen – und somit unsere Mitmenschen und alle Wesen auf diesem Planeten. Innere Zufriedenheit, Freiheit, Verständnis, Empathie, Liebe und Mitgefühl können wachsen.

Doch der Buddha wäre meines Erachtens kein solch exzellenter Lehrer gewesen, wenn er seinen Schülern nicht auch noch ein paar praktische, alltagstaugliche Tipps mit auf den Weg gegeben hätte – und die gab es vom »Erwachten« zuhauf und für jede Lebenslage, vor allem im edlen achtfachen Pfad.

»Gewinnt ihr nicht innere Zufriedenheit, werdet ihr nur nach äußerem Reichtum streben. Gewinnt ihr nicht inneres Glück, wird euch das äußere Glück in Leid verstricken.«
Milarepa

Die vierte edle Wahrheit: Der achtfache Pfad führt weg vom Leid

»Dies nun, ihr Mönche, ist die edle Wahrheit von der Auflösung des Leidens: Es ist ebendieser edle achtfache Pfad, nämlich rechtes Verstehen, rechter Entschluss [oder rechtes Streben, Anm. der Autorin], rechte Rede, rechtes Handeln, rechter Lebenserwerb, rechtes Bemühen, rechte Achtsamkeit und rechte Konzentration«, so erläuterte der Buddha seinen Schülern den Lösungsweg, den er zur Befreiung von Leid und Schmerz gefunden hatte. Und ich nehme mal an, dass manche von ihnen über diese Worte nicht schlecht staunten, denn zu jener Zeit ging man eher davon aus, dass nur Askese, Kasteiung und vollkommener meditativer Rückzug von der Welt die inneren Fesseln menschlichen Leidens sprengen könnten. Der Pfad des Buddha entpuppte sich aber – wie Sie gleich sehen werden – als sogenannter mittlerer beziehungsweise gemäßigter Weg, den nicht nur Asketen, weltabgewandte Yogis oder Mönche und Nonnen beschreiten konnten. Dieser Weg führt auch heute noch mitten durch den Alltag der Menschen, und das war vor mehr als 2500 Jahren geradezu revolutionär.

Der achtfache Pfad

Es besteht zwar kein Zweifel daran, dass die einzelnen Bereiche des Pfades anspruchsvoll sind und uns auch einiges abverlangen, dennoch ist er von jedermann begehbar – wir brauchen nur ein bisschen Mut, Ausdauer und die nötige Offenheit, die es immer braucht, wenn man neue Wege beschreiten will.

1. Rechtes Verstehen

Betrachten wir zunächst das rechte
Verstehen. Damit ist schlichtweg jene
Erkenntnis gemeint, die wir uns bereits
auf dem »Weg der Weisheit« erarbeitet
haben: Alles verändert sich! Alles, was
entsteht, vergeht auch wieder; das
Leben an sich ist dem ständigen Wandel unterworfen. Alles befindet sich im
Fluss. Dies in der Tiefe zu erkennen
und intuitiv mit dem Herzen zu verstehen und anzunehmen, wird auch als
»rechtes Verstehen« bezeichnet.

2. Rechtes Streben

Als nächsten Punkt führt der Buddha
das rechte Streben beziehungsweise
den rechten Entschluss ins Feld. Dieses Streben ist eine sehr kraftvolle
Energie und nicht mit dem Verlangen
(Seite 31) gleichzusetzen.
Der rechte Entschluss ist eher die
innere Haltung, aufrecht unseren Weg
zu gehen und nach der Wahrheit in
uns zu forschen. Wir streben nach
dem Kern unseres Daseins, nach Liebe und nach Freiheit. Der Buddha
sprach in diesem Zusammenhang
auch von der »rechten Absicht«, Licht
ins Dunkel zu bringen, also jene Klarheit zu gewinnen, die zu unabhängi-
gen und weisen Entscheidungen führt.

3. Rechte Rede

Der nächste Punkt berührt nun tatsächlich sehr konkret unseren Alltag.
Aber warum soll ausgerechnet die
rechte Rede – zusammen mit den
zwei folgenden Punkten, dem rechten
Handeln und dem rechten Lebenserwerb – zu innerer Befreiung führen?
Das kleine Wörtchen »recht« kann
man auch mit »wahrhaftig« übersetzen. Wer sich in wahrhaftiger Rede
übt, dem ist bewusst, was unüberleg-
te und ungeprüfte Worte anrichten
können; sie können unser Gegenüber
verletzen. Also beginnen wir, achtsam
mit unseren Worten umzugehen.
Wir üben uns darin, nicht mehr zu
schwindeln, nichts Unwahres zu erzählen. Im Gegenteil, wir nennen die
Wahrheit beim Namen, auch wenn
es für uns vielleicht sogar nachteilig ist
oder unbequem wird. Wir hören auf,
Klatsch und Tratsch zu verbreiten, und
sprechen nur über Dinge, von denen
wir wissen, dass sie der Wahrheit ent-
sprechen. Wir lassen die Wahrheit zu
unserer Zuflucht werden.
Rechte Rede bewirkt, dass uns die
Menschen, mit denen wir in Berührung kommen, mehr und mehr vertrauen. Sie wissen, dass sie bei uns
sicher sind, und schenken uns im

Gegenzug ihre Offenheit und Zunei-gung. Wir befreien uns nach und nach von unseren eigenen negativen Ge-dankengängen, weil sie kein Ventil mehr durch das gesprochene Wort haben. So beginnen wir, sorgsamer mit uns selbst und mit den Lebewe-sen um uns herum umzugehen.

Wir beginnen, behutsamer mit uns selbst und anderen umzugehen – im-mer in dem Bewusstsein, dass un-achtsames Handeln andere und auch uns selbst verletzen kann. Rechtes Handeln beinhaltet auch, anderen zu helfen, ohne nach Selbstbestätigung oder einer Belohnung zu streben.

»Jedes Mal,
wenn du jemanden verurteilst,
kommt der Prozess der Erlösung
mit einer Vollbremsung zum Stehen.«
Unbekannt

4. Rechtes Handeln

Für die rechte Rede und das rechte Handeln gelten die gleichen Regeln. Wer lernt, mitfühlend und empathisch zu reden und zu handeln, dem öffnet sich ein ungeahnter innerer Raum, in dem Wohlwollen, Freundlichkeit und Liebe vorherrschen. Sich nett und freundlich zu verhalten kann unglaub-lich befreiend sein.
Einengend und fesselnd sind im Grun-de immer jene Handlungen und auch jene Worte – siehe »rechte Rede« –, die auf Abwehr, Ausgrenzung und Ver-härtung basieren.

Ich bin in einer Familie aufgewachsen, in der es meist darum ging, sich nach außen hin zu verteidigen. Die Weltsicht war geprägt vom vermeintlich »Bösen« da draußen, gegen das man sich schützen musste. Anderen Menschen außerhalb des Familiengefüges zu hel-fen hätte bedeutet, das errichtete Bollwerk durchlässig werden zu lassen und verletzlich zu werden. Erst als längst erwachsene Frau entdeckte ich, wie wunderbar befreiend und vor allem erfüllend sich Nächstenliebe an-fühlen kann. Ich hatte eine weitere Familienfessel gesprengt.

5. Rechter Lebenserwerb

Rechte Rede, rechtes Handeln und
rechter Lebenserwerb bilden den sogenannten moralischen Aspekt des
achtfachen Pfades. Wir sind aufgeru-
fen, unsere Werte zu prüfen und Verantwortung zu übernehmen.

In Zeiten von Arbeitslosigkeit und ge-
ringen Löhnen ist es sicher nicht einfach, den Beruf nach moralischen
Werten auszurichten. Dennoch sollten
wir durch unsere Lebensweise unser
Bestes tun, anderen Menschen und
der Natur nicht zu schaden.

Vielleicht sind uns im Beruf noch die
Hände gebunden, weil wir es uns
schlichtweg nicht »leisten« können,
nach einer neuen Arbeitsstelle zu suchen; dann können wir uns aber
wenigstens als Konsumenten verant-
wortungsbewusst verhalten und uns
als Bewohner dieser Erde in vielen
weiteren Bereichen für eine bessere
Welt einsetzen.

Wir können zum Beispiel aufhören,
anderen Lebewesen, vor allem Tieren,
absichtlich zu schaden oder auch
Konzerne zu unterstützen, die uns und
unseren Planeten auf verschiedenste
Weise gefährden.

Die letzten drei Punkte des achtfachen
Pfades – rechtes Bemühen, rechte
Achtsamkeit und rechte Konzentration – führen zu innerer Harmonie und
Balance. Sie bauen natürlich auf den
vorherigen Punkten auf, wirken aber
auch unterstützend, weil wir mit ihrer
Hilfe unseren Geist beruhigen können;
das Herz wird furchtlos und gelassen
und bleibt trotzdem weich und offen.

6. Rechtes Bemühen

Das rechte Bemühen basiert auf
dem gewachsenen Vertrauen, dass
der Weg des Buddha auch für uns
der richtige ist. Dieses Bemühen entspringt meiner Ansicht nach der

Begeisterung und Freude, die sich einstellen, wenn wir merken, dass wir uns in eine gute und heilsame Richtung bewegen. Die Begeisterung inspiriert uns und spornt uns an. Sie hält uns bei der Stange und bewahrt uns davor, vorzeitig aufzugeben. Rechtes Bemühen muss also immer wieder neu genährt werden, damit das Feuer in uns nicht vorzeitig erlischt.

Wir versuchen, unheilsame Energien zu vermeiden, zum Beispiel das berühmte Gedankenkarussell, und heilsame Energien zu fördern, zum Beispiel durch Meditation oder bestimmte Körperübungen.

Es ist meiner Erfahrung nach sehr hilfreich, im Austausch mit Gleichgesinnten und guten Freunden nach Inspiration und Unterstützung für den inneren Weg zu suchen. So kann der Ansporn wachsen, und wir entwickeln den nötigen Forschergeist beziehungsweise bewahren uns die Neugierde auf das, was hinter der nächsten Wegbiegung auf uns warten mag.

7. Rechte Achtsamkeit

Der Begriff »Achtsamkeit« ist heutzutage in aller Munde, dennoch können viele nicht genau sagen, um was es sich dabei eigentlich genau handelt.

»Wenn Achtsamkeit in unserem Bewusstsein zirkuliert, beginnen wir, ein Gefühl des Wohlbehagens zu haben. Die Übung von Achtsamkeit ist nichts anderes als die Übung von liebevoller Zuwendung.«
Thich Nhat Hanh

Üben wir uns in rechter Achtsamkeit, dann bedeutet dies, dass wir uns jedem Moment des Lebens voll und ganz zuwenden. Achtsam zu sein bedeutet, jede scheinbar noch so banale Erfahrung bewusst und wach zu beobachten und zu erleben. Diese Erfahrungen umfassen Körper *und* Geist und beziehen sich auf die Innen- wie auf die Außenwelt.

Manchmal wird Achtsamkeit auch als Gewahrsein bezeichnet. Wir sind dessen gewahr, was gerade geschieht. Der Geist ist offen und das Herz ist für alles empfänglich, ohne zu bewerten oder zu urteilen. Wir beobachten und akzeptieren die Dinge so, wie sie gerade sind. Entscheidungen, die aus einem achtsamen und klaren Geist heraus entstehen, zeugen immer von tiefer Weisheit und Verständnis.

Um aber Achtsamkeit entwickeln zu können, braucht es den nächsten Punkt: die rechte Konzentration.

8. Rechte Konzentration

Letztlich können alle Qualitäten des achtfachen Pfades nur entwickelt werden mithilfe der rechten Konzentration – oder rechten Sammlung, wie dieser Punkt auch genannt wird. Die rechte Konzentration wird in der Welt des Buddha hauptsächlich anhand verschiedener Meditationstechniken geübt.

Grundsätzlich unterscheidet man zwischen Sammlungs- und Einsichtsmeditationen. Bei der rechten Sammlung oder rechten Konzentration geht es vorwiegend um die Sammlungsmeditation, die den Geist mithilfe eines Meditationsobjekts zur Ruhe kommen lässt.

Sie kennen sicher die berühmte Kerzenflamme, auf die der Meditierende sich zu konzentrieren versucht. Aber auch die Konzentration auf den Atem (ab Seite 162) gehört zu den Objektmeditationen, die dazu dienen, den Geist zu beruhigen und zu sammeln, damit er nicht mehr wie ein ungezähmtes Äffchen von einem Gedanken zum anderen springt.

Übungen: Den achtfachen Pfad beschreiten

1. Rechtes Verstehen

✳ Diese Form von Verstehen und Einsicht erlangt man am besten durch Meditation, allen voran durch die Vipassana-Meditation, die Sie ab Seite 49 kennengelernt haben. Rechtes Verstehen findet jenseits des intellektuellen Begreifens statt und dringt dabei tief in unser Unterbewusstsein ein.

2. Rechtes Streben

✳ Nehmen Sie sich immer wieder eine kurze Auszeit vom Alltag und kontemplieren Sie über die innere Antriebskraft, Ihr Leben schöner, freier und bewusster zu gestalten.

✳ Lesen Sie geeignete Lektüre, um sich zu motivieren.

✳ Richten Sie sich innerlich immer wieder neu auf Ihr Ziel, die inneren Fesseln zu sprengen, aus. Gehen Sie dabei zwar mit dem nötigen Ernst, aber auch spielerisch und mit einer guten Portion Humor vor.

3. Rechte Rede

✳ Beginnen Sie Ihren Übungsweg zum achtsamen Sprechen mit einer sehr einfachen und schönen Praxis: Verteilen Sie Komplimente! Nehmen Sie sich einen Tag in der Woche vor, an dem Sie anderen Menschen Schönes sagen. Beschränken Sie sich dabei nicht nur auf Ihr persönliches Umfeld, sondern verteilen Sie Ihre Komplimente großzügig. Bedanken Sie sich zum Beispiel bei der Kassiererin im Supermarkt für Ihre Schnelligkeit, oder sprechen Sie die Dame neben sich im Bus auf ihr tolles

Parfum an. Sagen Sie Ihrem Kind, wie hübsch es heute aussieht, oder bewundern Sie die schönen blauen Augen Ihres Kollegen oder Ihrer Kollegin. Seien Sie mutig und freuen Sie sich an den glücklichen Reaktionen der Menschen.

4. Rechtes Handeln

✳ Starten Sie auch hier mit einer einfachen Praxis. Gehen Sie von nun an offenen Auges durch die Welt und schauen Sie, wo Sie helfen können. Braucht die alte Dame vor Ihnen am Zebrastreifen vielleicht Hilfe beim Überqueren der Straße? Oder benötigt ein Freund Ihr offenes, unvoreingenommenes Ohr? Gehen Sie nicht achtlos an einem Bettler vorbei; selbst wenn Sie vielleicht im Moment nichts geben können, versuchen Sie sich trotzdem in seine Lage hineinzuversetzen. Verurteilen Sie ihn nicht für das, was er ist. Öffnen Sie Ihr Herz denen, die Ihre Hilfe, wenn auch vielleicht nur im Kleinen, benötigen, und handeln Sie danach. Aus vollem und unvoreingenommenem Herzen zu geben befreit uns langsam, aber sicher von Missgunst, Neid und Raffgier.

Ich möchte Ihnen zum Thema rechtes Handeln an dieser Stelle eine nicht sehr ruhmreiche Geschichte erzählen, die mich selbst betrifft. Sie zeigt auf, wie oft wir uns den Fesseln und der Beengtheit anderer unterwerfen, obwohl uns unser Bauchgefühl zu etwas ganz anderem rät – aber das darf natürlich keine Entschuldigung für mein damaliges Nicht-Handeln sein!

Der alte Mann im Krankenhaus

Vor einiger Zeit starb meine Tante Rosemarie. Sie war noch jung, erst 56 Jahre alt. Ihre Krankheit verlief rasend schnell: Zwischen der endgültigen Diagnose und ihrem Todestag lagen keine drei Monate. Für die Familie blieb wenig Zeit zum Abschiednehmen. Dennoch war Rosemarie nie allein, die engsten Familienmitglieder wechselten sich am Krankenbett ab.

Rosemarie lachte viel, obwohl ihr ein Schlaganfall das Sprachvermögen geraubt hatte. Sie wusste, dass es zu Ende gehen würde, und trotzdem blieb sie bis zum letzten Atemzug würdevoll und ruhig.

Eines Tages wurden wir vom Klinikpersonal informiert, dass es nun wirklich ans Sterben ginge. Ein paar Tage zuvor war Rosemarie auf die Palliativstation verlegt worden. Sie verlor das Bewusstsein und atmete unregelmäßig. Die engsten Verwandten wurden benachrichtigt, um Abschied nehmen zu können. Auch ich verabschiedete mich von meiner Tante. Zusammen mit meiner Schwester, meiner Cousine – Rosemaries Tochter – und deren Freund saß ich lange in dem stillen Zimmer mit dem heruntergedimmten Licht und lauschte den schweren Atemzügen dieser früher mal so sportlichen und agilen Frau. Wir sprachen kaum miteinander, nur ab und zu wechselten wir flüsternd ein Wort. Wir hatten keine Tränen mehr, die letzten Wochen waren zu emotional gewesen.

Irgendwann kam eine Schwester herein. Liebevoll und mitfühlend sprach sie mit Rosemarie, zog ihr die Bettdecke glatt und verschwand dann wieder mit einem freundlichen Lächeln auf den Lippen. Beim Hinausgehen vergaß sie, die Tür zu schließen. Wir blieben sitzen, froh um den sanften Luftzug, der vom

Gang in das leicht stickige Sterbe-
zimmer hereinwehte. Das geschäf-
tige Treiben auf der Station war
nun auch deutlicher zu hören, doch
wir kümmerten uns zunächst nicht
weiter darum.

Bis mit einem Mal laute, fast schon
animalische Schreie zu hören waren. Ich stand auf, um draußen
nachzusehen, wer da so schrecklich
schrie. Die Tür zum Nachbarzimmer stand weit offen. In dem einzigen Bett im Raum lag ein alter
Mann, an Bauch und Armen mit
breiten Bändern fixiert. Der Fernse-
her lief lautlos in einer Ecke, und
man hatte ihm Kopfhörer aufgesetzt, damit er das Programm hören
konnte. Doch er wirkte schrecklich
verloren, strampelte mit den Beinen
und schrie sich die Seele aus dem
Leib. Ich blieb am Türrahmen stehen; er sah mich nicht.

Die Schwester kam wieder vorbei.
Sie entschuldigte sich bei mir für
den Lärm: »Wir müssen seine Zim-
mertür offen lassen, er hat große
Angst vor dem Alleinsein. Aber wir
können uns nicht ständig zu ihm
setzen. Wir haben einfach zu viel zu
tun.« Sie wirkte ratlos, aber auch
irgendwie abgeklärt.

»Wir suchen noch nach dem passenden Medikament, um ihn ruhigzu-
stellen«, fuhr sie fort, »bis jetzt hat
nichts gegriffen. Seine Frau will er
nicht sehen, da schreit er komischerweise noch lauter. Sie war vor-
hin da, um ihn zu beruhigen, doch
er geriet außer sich. Also haben wir
sie wieder nach Hause geschickt.«
Mit einem Achselzucken ging sie
weiter. Ich kehrte in unser Zimmer
zurück.

»Kann man das Geschrei nicht ab-
stellen?«, fragte meine Cousine ge-
nervt, als ich mich wieder zu Rosemarie ans Bett setzte.

»Der Mann im Nachbarzimmer hat
Todesangst, sie suchen nach einem
Medikament, das ihn ruhigstellt.«
Mein Herz zog sich bei meinen Wor-
ten zusammen.

»Das wird aber auch Zeit. Ich
möchte, dass Mama hier einfach
ihre Ruhe hat«, sagte meine Cousine. »Am liebsten würde ich mich
bei der Oberschwester beschweren!
Muss man sich denn immer um
alles selbst kümmern?«
Ich dachte an das angstverzerrte
Gesicht des alten Herrn.
Ich blieb noch etwa eine Stunde bei
Rosemarie. Doch meine Gedanken

*schweiften immer wieder zu dem
Mann im Nachbarzimmer ab.
Wir hatten unsere Tür jetzt geschlossen, doch wir konnten ihn
trotzdem durch die Wände hindurch schreien hören.
Heute, viele Monate nach Rosemaries Tod, denke ich immer noch an
diesen armen Mann, dem im Nachbarzimmer ein weit weniger fried-
volles Sterben beschert war als meiner Tante. Ich schäme mich, dass
ich meinem inneren Impuls, mich
für eine Zeit lang an sein Bett zu
setzen, damals nicht nachgegeben
habe. Und ich schäme mich, dass
ich ihn gegen all die lieblosen Worte
nicht verteidigt habe.*

Keiner von uns weiß, wie und wann er
einmal sterben wird. Vielleicht sind
auch wir in unserer Todesstunde von
solch einer schrecklichen Angst erfüllt wie dieser alte Mann. Wäre es
dann nicht wunderbar, wenn jemand
still und ohne Vorurteil unsere Hand
halten würde, selbst wenn es ein
Fremder wäre?
Die grundlegendsten Eigenschaften
unseres Herzens sind Liebe und Mitgefühl. Es ist seine wahre Natur,
empathisch und liebevoll zu handeln.

Darauf können Sie immer vertrauen.
Diesen zutiefst menschlichen Impulsen
zu folgen, ohne auf die Meinung anderer zu hören, befreit unser Herz von
den Fesseln der Starrheit, der Angst
und des Hasses.

5. Rechter Lebenserwerb

Der Zenmeister Thich Nhat Hanh um-
schreibt diesen Punkt auch mit »rechter Lebensführung« und der damit einhergehenden »Ehrfurcht vor dem
Leben«. Er ruft uns auf, beginnend in
unseren Familien, im Freundeskreis
und am Arbeitsplatz, zum Frieden in
dieser Welt beizutragen.

✳ Starten Sie aber auch hier mit
einer »einfachen« Übung: Achten
Sie in den nächsten Wochen genauer auf das, was Sie für sich
und Ihre Familie einkaufen. Was
landete bisher so in Ihrem Ein-
kaufskorb?

✳ Geben Sie künftig Firmen, die sich
Nachhaltigkeit auf ihre Fahnen geschrieben haben, den Vorzug.
Recherchieren Sie im Internet und
machen Sie sich schlau, welche
Firmen und Betriebe sich für Öko-
logie und Fairness einsetzen.

✳ Gehen Sie mal wieder auf den Wochenmarkt und kommen Sie mit den Erzeugern ins Gespräch. Unterstützen Sie kleinere Projekte und Direkterzeuger vor Ort.

6. Rechtes Bemühen

Um wirkliches Vertrauen in unseren Weg zu bekommen, ist meines Erachtens Kontinuität sehr wichtig. Sie unterstützt die Ausdauer, die es braucht, um dabeizubleiben. Beim rechten Bemühen geht es um die Entwicklung des Herzens und um die Förderung von heilsamen Geisteszuständen. Als Übung empfiehlt es sich, einige Momente der Ruhe zur täglichen Praxis zu machen.

✳ Gönnen Sie sich ein paar Minuten der Stille: Setzen Sie sich gleich nach dem Aufstehen oder direkt vor dem Schlafengehen für etwa 5 bis 10 Minuten hin, zum Beispiel in Ihren Lieblingssessel oder auf das Meditationskissen. Sorgen Sie dafür, dass Sie für diese wenigen Minuten nicht gestört werden.

✳ Richten Sie sich innerlich auf den kommenden Tag aus oder lassen Sie den vergangenen Revue passieren. Bleiben Sie dabei ruhig und gelassen, soweit es Ihnen im Moment möglich ist, und versuchen Sie, nichts zu bewerten. Vertrauen Sie auf Ihre innere Kraft,

Probleme zu lösen und gute Entscheidungen zu treffen, damit nach und nach all Ihre positiven und heilsamen Qualitäten an die Oberfläche kommen können.

7. Rechte Achtsamkeit

Achtsamkeit als Gegenbewegung zu unserer schnelllebigen und stressigen Zeit boomt! Immer mehr Menschen entdecken, dass sich eine achtsame und bewusste Lebensweise in vielerlei

Da unser Körper von Nahrung abhängig ist, wir also regelmäßig essen und trinken müssen, empfiehlt sich zum Beispiel die Praxis des achtsamen Essens als regelmäßige Einstiegsübung:

* Beginnen Sie mit dem Üben bereits beim Zubereiten der Mahlzeit und achten Sie auf jeden Handgriff. Bemerken Sie das Gewicht des Messers beim Schneiden in Ihrer Hand, registrieren Sie Düfte

> *»Achtsamkeit kommt aus einem stark entwickelten Bewusstsein für die eigenen körperlichen und verbalen Handlungen.«*
> *Dalai Lama*

Hinsicht befreiend und heilsam auf ihr Leben auswirkt. Dementsprechend groß ist auch das Übungsangebot, um Achtsamkeit in jeder Lebenslage – sei es im Beruf, auf dem Meditationskissen oder im Alltag, zum Beispiel beim Essen – praktizieren zu können. Achtsamkeit kann alle Bereiche des Lebens durchdringen und ist geprägt von tiefgründigem Denken, Fühlen und Handeln.

und Konsistenzen beim Kochen: das Zerkleinern einer rohen Kartoffel und die Kraft, die Sie dabei aufwenden müssen, der Duft einer Tomate oder einer Orange usw.

* Selbst wenn Sie Ihre Nahrung in der Mittagspause schnell an einem Essensstand kaufen, können Sie Achtsamkeit praktizieren, indem Sie mit allen Sinnen auf jede

Kleinigkeit achten: Wie riecht das Sandwich? Wie fühlt es sich in Ihren Händen an? Egal, wann und wo Sie etwas verzehren, Achtsamkeit ist jederzeit praktizierbar.

✳ Ehe Sie zu essen beginnen, betrachten Sie Ihre Mahlzeit. Welche Farben können Sie zum Beispiel erkennen? Essen Sie dann langsam und mit Bedacht.
Spüren Sie jeder Bewegung und Empfindung nach: die Gabel, die zum Mund geführt wird, die Berührung mit den Lippen; Hitze, Wärme oder Kälte im Mund; die Bewegung der Kiefer beim Kauen, die Konsistenz der Speisen; Gefühle wie Freude, Wohlbehagen oder Abneigung, die aufsteigen. Machen Sie den gesamten Akt des Essens zum »Forschungsgebiet«; erforschen Sie zum Beispiel, wie sich Schlucken anfühlt.

✳ Verweilen Sie nach dieser Übung ein paar Minuten ruhig vor Ihrem leer gegessenen Teller und betrachten Sie ihn. Machen Sie sich bewusst, wie glücklich Sie sich schätzen können, dass Sie sich satt essen konnten.

Je mehr Achtsamkeit Sie in Ihre alltäglichen Verrichtungen bringen, desto bewusster werden Sie. Sie beginnen, die Welt so, wie sie ist, klarer und deutlicher wahrzunehmen. Nur aus dieser Klarheit heraus können Sie letztendlich freie und mitfühlende Entscheidungen für sich selbst und zum Wohle anderer treffen.

8. Rechte Konzentration

Ich glaube, wir sind uns einig, dass ein zerstreuter und unkonzentrierter Geist nicht sehr viel auf die Reihe bringt! Der Buddha hat viele Meditationsübungen zur rechten Sammlung unter die Leute gebracht. Am einfachsten funktioniert das Ganze aber meines Erachtens zunächst mithilfe des Atems. Außerdem können Sie damit in jeder Lebenslage üben, denn den Atem haben Sie schließlich immer bei sich.

✳ Setzen Sie sich so aufrecht wie möglich hin und schließen Sie die Augen. Versuchen Sie, Ihren Körper zu entspannen.

✳ Richten Sie dann die Aufmerksamkeit dorthin, wo Sie Ihren Atem am besten spüren können. In der Regel bietet sich das Heben

und Senken der Bauchdecke an. Beobachten Sie, wie sich beim Einatmen der Bauch dehnt, um sich beim Ausatmen wieder zusammenzuziehen. Fühlen Sie genau hin, ohne den Atem bewusst zu beeinflussen, und begleiten Sie den Prozess im Stillen jeweils mit den Worten »ein« für einatmen und »aus« für ausatmen.

Der kleine Junge und die Seesterne

Nach einem großen Sturm waren Tausende von Seesternen an einen Strand gespült worden. Ein kleiner Junge, der nicht weit von diesem Strand wohnte, war schon am frühen Morgen gekommen, um die gestrandeten Seesterne einzusammeln und ins Meer zurückzuwerfen. Ein alter Mann, der zur gleichen Zeit seinen Hund spazieren führte, blieb bei dem Jungen stehen und schaute dem eifrigen Treiben eine Weile zu. »Was machst du denn da?«, fragte er schließlich und schüttelte ungläubig den Kopf.
»Das sieht man doch«, sagte der Junge, ohne mit dem Sammeln aufzuhören, »ich rette die Seesterne vor dem Austrocknen!«
»Aber das ist doch vollkommen sinnlos«, lachte der alte Mann. »Schau dich doch mal um, das sind Tausende! Da machen die paar, die du ins Meer zurückwirfst, überhaupt keinen Unterschied!«
Der kleine Kerl hielt inne und schaute auf einen Seestern direkt vor seinen Füßen. Er hob ihn auf, betrachtete ihn von allen Seiten und warf ihn schließlich im hohen Bogen ins Wasser.
»Für den hier schon!«, rief er fröhlich und bückte sich nach dem nächsten.

Der edle achtfache Pfad ist kein Weg, den Sie für sich allein beschreiten, sondern ein Weg des Herzens, der viele andere Herzen – Laternen gleich – am Wegesrand »entzünden« kann. Sich von inneren Nöten und Fesseln zu befreien, kommt auch anderen zugute und macht die Welt zu einem besseren Ort.

Aus eigener Erfahrung kann ich sagen, dass ich immer wieder nicht nur mein eigenes Leid, sondern auch das Elend und die Not in dieser Welt einfach ausblende. Und das betrifft nicht nur schlimme Nachrichten aus weit entlegenen Ecken dieser Erde.

Wir zögern aus verschiedenen Gründen, anderen zu helfen, vielleicht auch weil wir glauben, dass das kleine Scherflein, das wir dazu beitragen könnten, eh nicht ins Gewicht fallen wird und dass wir lieber erst uns selbst retten sollten, bevor wir anderen beistehen. Doch dem ist nicht so! Es ist das Miteinander, das zählt.

Der achtfache Pfad ist also kein »Egotrip«, auf dem es nur um Ihre eigene innere Befreiung geht. Er ist ein begehbarer »Weckruf« und damit eine Aufforderung an jeden Einzelnen, *alle* fühlenden Wesen zu befreien!

Die Komfortzone verlassen

Um uns wirklich von Altem befreien zu können, müssen wir unsere sogenannte Komfortzone verlassen. Über diese Zone ist schon viel geschrieben und gesagt worden; sie zeichnet sich durch all jenes aus, das uns das Gefühl gibt, in Sicherheit zu sein.

Das Wort »Komfortzone« ist allerdings etwas irreführend, denn nicht immer ist diese Zone bequem und angenehm. Wir können uns auch in einem ungeliebten Job oder einer unglücklichen Partnerschaft »sicher« fühlen. Das klingt paradox, aber fragen Sie mal in Ihrem Bekannten- und Freundeskreis herum. Wir bleiben oft lieber in den alten, vertrauten Puschen, auch wenn sie längst ausgelatscht sind und uns nicht mehr gefallen. Ihre persönliche Komfortzone ist also eine selbst kreierte »Sicherheitszone«, die unter anderem durch unhaltbare Gedankengebäude, gesellschaftliche Zwänge und/oder die individuelle Erziehung definiert wird. Diese Zone zu verlassen macht verständlicherweise Angst, denn wir haben zunächst keine Vorstellung davon, was uns hinter ihren Grenzen erwartet.

Nachstehende Übung verlässt nun wieder die Welt des Buddha, aber ich habe so gute Erfahrungen mit ihr gemacht, dass ich sie Ihnen nicht vorenthalten möchte.

Übung: Seelenbild

Die Seele beziehungsweise unser Unterbewusstsein liebt Bilder! Wir können mithilfe von Bildern vieles heilen. Unsere Fantasiereise auf dem Weg der Befreiung hat Ihnen vielleicht bereits gezeigt, zu welch kraftvollen Bildern und Visionen Ihr Herz fähig ist.

✳ Stellen Sie sich nun erneut eine Situation vor, die Sie unbedingt ändern wollen, eine Fessel, die Ihnen das Leben schwer macht. Wollen Sie sich vielleicht längst selbst verwirklichen und Ihren derzeitigen Job kündigen? Aber Sie wissen nicht wirklich, was Sie als Nächstes tun sollen? Sie wissen nur, dass Sie sich nach neuen beruflichen Wegen sehnen.

✳ Stellen Sie sich jetzt vor Ihrem inneren Auge vor, dass Sie diesen Schritt bereits getan haben. Sie haben Ihre alte berufliche Komfortzone längst hinter sich gelassen und leben nun ein vollkommen erfülltes Berufsleben. Versuchen Sie, sich vorzustellen, wie dieses Leben aussehen könnte, und konzentrieren Sie sich dabei vor allem auf innere Werte wie Inspiration, Kreativität oder auch Teamgeist. Wie drückt sich das aus, und wie *fühlen* Sie sich in der neuen Situation? Frei und selbstsicher? Dynamisch und inspiriert?

✳ Kreieren Sie ein Bild dieser neuen Person, die Sie sein möchten, und statten Sie es mit ein paar Attributen aus. Vielleicht reisen Sie in Ihrem neuen Leben viel oder Sie besitzen endlich Ihr ersehntes Wochenendhaus am See. Achten Sie bei dieser Übung aber darauf, dass Sie sich nicht allzu sehr in Äußerlichkeiten verfangen, denn es geht hier um das Gefühl der inneren Erfüllung!

✳ Schwelgen Sie hin und wieder in diesen Bildern, wenn Sie das Gefühl haben, nicht vom Fleck zu kommen, und helfen Sie so Ihrem Unterbewusstsein, Mut für den realen Schritt im wirklichen Leben zu sammeln. Richten Sie sich mit diesen inneren Bildern hoffnungsvoll auf die Zukunft aus, ohne daran festzuhalten. Sehen Sie diese »Traumschlösser« lediglich als Überbrückung der vermeintlichen Leere, die sich vor Ihnen auftut, wenn Sie auch nur daran denken, die Komfortzone zu verlassen.

seine liebevollen Charakterzüge vor und den Ort, an dem er lebte. Ich besetzte den Platz, der vormals von Lars belegt war, für eine Weile mit diesem »Traummann«, bis ich mich stark genug fühlte, auch dieses Bild gehen zu lassen und aus meiner vermeintlichen »Sicherheitszone« heraustreten zu können. Noch heute nehme ich diese Art von Seelenbildern zu Hilfe, wenn

»Wenn du fliegen willst, gib alles auf, was dich niederdrückt.«
Buddha

Als ich mich damals daranmachte, mich innerlich von Lars, meiner hartnäckigsten Fessel, zu befreien, nahm ich ebenfalls diese Übung zu Hilfe. Immer wenn ich einen Rückfall erlitt und regelrecht spürte, wie es mich magisch wieder zu ihm hinzog, stellte ich mir vor, dass bereits ein neuer Mann in mein Leben getreten sei. Dieser imaginäre Mann war aufmerksam und liebevoll zu mir, und ich konnte regelrecht spüren, wie mein versteinertes Herz aufzubrechen begann. Dann wurde ich mutiger und begann, meinen fiktiven Partner ein bisschen »auszuschmücken«. Ich stellte mir all

ich das Gefühl habe, in meiner eigenen Komfortzone regelrecht festgenagelt zu sein.

Auch wenn es, nach allem, was wir durch den Buddha bisher gelernt haben, zunächst eher kontraproduktiv erscheint, sich in Traumgebilde zu flüchten, kann es dennoch eine Zeit lang heilsam sein, zu diesen fiktiven Bildern Zuflucht zu nehmen – freilich immer mit dem Wissen, dass sie in ihrer Tiefe substanzlos und vergänglich sind und dass wir auch diese Bilder nach einer gewissen Zeit loslassen müssen, um wirklich frei für die Realität sein zu können.

Die Kommunion

Endlich war es so weit, die kleine Franca durfte ihre Erstkommunion feiern, und sie fieberte diesem besonderen Tag begeistert entgegen. Der Pfarrer bat die Kommunionkinder, etwas, das ihnen ganz besonders am Herzen lag, bildlich darzustellen, um es in einem feierlichen Akt am Altar segnen zu lassen. Alle begannen eifrig, Bilder von Haustieren, Geschwistern, Eltern oder Großeltern zu malen. Nur Franca hatte noch keine rechte Idee. Klar, sie liebte Mama und Papa und ihre Geschwister, keine Frage! Aber wenn sie ganz tief in sich hineinspürte, wusste sie, dass es etwas anderes gab, das ihr wirklich am allermeisten bedeutete. Drei Nächte lag Franca wach und überlegte fieberhaft. Dann wusste sie es plötzlich: Eiscreme! Genau, Eiscreme war das, was sie am allermeisten auf der Welt liebte. Als der ersehnte Tag da war, holte sie das Langnese-Plakat, das ihr der Krämer geliehen hatte, glücklich aus dem Versteck hervor. Erst zum Kirchgang präsentierte sie es stolz ihrer erstaunten Familie …

So kam es, dass Franca inmitten von Pappmaschee-Herzen, Familien-, Hunde- und Katzenporträts ihr Langnese-Schild durch die vollbesetzte Dorfkirche zum Altar trug. Franca stellte sich vor, wie dem lieben Gott beim Anblick des Schildes das Wasser im Mund zusammenlaufen würde. Ihr Herz hüpfte dabei vor Freude und ihr kleines Gesicht strahlte mit der Sonne draußen um die Wette. Erst Jahre später erzählten ihr die Eltern, dass einige im Dorf ganz und gar nicht begeistert gewesen waren. Im Gegenteil, man sprach von Gotteslästerung und schlechter Erziehung. Doch weil sie die große Freude und Begeisterung ihrer Tochter gesehen hatten, brachten ihre Eltern es nicht übers Herz, Franca auszuschimpfen.

Die Geschichte zeigt, wie wichtig es ist, dem eigenen Herzen zu folgen, um glücklich zu sein, und dass Glück für jeden etwas anderes bedeutet. Sie zeigt auch, wie hilfreich es ist, Verbündete zu haben, die hinter uns stehen, wenn wir etwas »Falsches« tun. So wagte es Franca, die Komfortzone eines ganzen Dorfes zu verlassen.

» Buddhas dritte und vierte edle Wahrheit sagen uns, wie wir uns von allen Fesseln und dem Leiden an sich befreien können: Erlischt das Verlangen, die Ursache von Leid, erlischt das Leiden. Der edle achtfache Pfad kann dabei helfen.

» Wenn Sie aufhören, an Ihren Vorstellungen zu haften und die Welt demgemäß verändern zu wollen, dann befreien Sie sich von der Engstirnigkeit und dem Kontrollzwang Ihres beschränkten Alltagsgeistes.

» Der achtfache Pfad hilft uns aktiv, an uns selbst zu wachsen, damit unser Herz frei wird.

» Der Weg der Befreiung ist ein innerer Weg, der auf dem Wissen beruht, dass alles sich im permanenten Wandel befindet. Je mehr Sie sich diesem Wissen anvertrauen und sich dem Wandel, der steten Unsicherheit des Lebens, hingeben, desto freier werden Sie – und desto freier werden auch die Menschen und Lebewesen in Ihrem Umfeld.

QUINTESSENZ

»*Der Körper fließt wie das Wasser in der Strömung,*
immer neu und immer frisch.
Ohne Bindung und ohne Spur folgt er der kosmischen Ordnung,
wie er dem Strom des Lebens folgt.
Dies ist die eigentliche Freiheit.«
Meister Taisen Deshimaru

Der Weg der
Liebe

»Nur aus dem Herzen heraus kannst du den Himmel berühren.«
Rumi

Je mehr wir unsere Fesseln abstreifen, desto offener und lebendiger werden wir. Innere Fesseln »binden« uns im wahrsten Sinne des Wortes an alte Muster und Blockaden. Wir verhärten innerlich und werden starr, weil wir uns nicht mehr frei bewegen können. Körper, Geist und vor allem auch unser Herz können, wie wir alle aus leidvoller Erfahrung wissen, enorm unter diesen Fesseln leiden. Die Folgen sind unter anderem innere und äußere Vereinsamung, Verbitterung, Angst, Hass und Depressionen. Wir sind schlichtweg nicht mehr in Kontakt mit dem Leben.

Der Königsweg

Der Weg der Befreiung, den Sie im vorangegangenen Kapitel kennengelernt haben, wird durch die Liebe gespeist. Davon war der Buddha felsenfest überzeugt. Durch das Sprengen unserer Fesseln setzen wir diese wunderbare Energie des Lebens wieder frei.

Lebendig sein heißt resonanzfähig sein. Wir gehen in Resonanz mit der Schwingung der anderen und unserer Umwelt; wir verbünden uns wieder mit der Welt. Wir lieben und werden geliebt. Für mich persönlich ist der »Weg der Liebe« der Königsweg. Er beinhaltet auch die anderen drei Wege, denn er trägt sie und hält sie zusammen. Wahre innere Befreiung kommt immer auch anderen zugute. Sie ist im besten Falle durchtränkt von Liebe für alles und jeden. Unter all unserem Verlangen und hinter jeglicher Abwehr steckt im Grunde auch die tiefe Sehnsucht nach Liebe. Unser Herz will lieben, das ist seine Natur. Doch oft entsteht auch hieraus eine Fessel. Wir möchten einen Gegenwert für unsere Liebe. Wir versteifen uns zum Beispiel auf eine einzelne Person, die uns ebenfalls bedingungslos lieben und all unsere Bedürfnisse befriedigen soll. Für die Eifersucht, eine sehr schmerzhafte und hartnäckige Fessel, kann dies der ideale Nährboden sein.

Die Sehnsucht des Herzens stillen

Die Sehnsucht, geliebt zu werden, kann so groß und übermächtig werden, dass wir sogar verlernen, andere zu lieben. Hinzu kommt nicht selten eine gehörige Portion Selbsthass, der uns daran hindert, in erster Linie uns selbst mit all unseren schönen, aber auch mit den dunkleren Seiten lieb zu haben. Infolgedessen fällt es uns schwer, anderen Liebe zu schenken, denn wir können die Quelle in uns selbst nicht mehr ausmachen. Oft suchen wir verzweifelt nach einem Menschen, der uns liebt … und schrecken gleichzeitig vor der Liebe zurück, weil wir uns tief in unserem Innersten nicht für liebenswert halten. Wir sind zwischen der Sehnsucht und unseren Ängsten hin- und hergerissen.

Beginnen wir diesen Weg der Liebe also mit einer Übung, die ausschließlich dafür da ist, das Herz mit Liebe anzureichern und aufzufüllen. Das Schöne dabei ist: Sie müssen nichts aktiv beisteuern, Ihre Aufgabe ist es lediglich, sich zurückzulehnen und zu genießen. Sie dürfen in Liebe baden.

Übung: Post von einem Freund

* Für diese Übung sind die beste Freundin oder der beste Freund gefragt. Bitten Sie ihn oder sie, Ihnen einen Brief zu schreiben, in dem alles steht, was dieser Mensch an Ihnen schätzt und liebt, all Ihre liebenswerten Charakterzüge, die Schönheit Ihres Herzens und auch der Grund, warum Sie als Freund oder Freundin geschätzt werden.

* Kleben Sie den Brief auf die nachstehende Leerseite und lesen Sie ihn immer dann, wenn Selbsthass und -zweifel in Ihnen die Oberhand gewinnen möchten.

»Kein Weg ist zu lang
mit einem Freund an der Seite.«
Rainer Maria Rilke

Das Wunder-
kräutlein

Franz und Magda waren schon seit vielen Jahren miteinander verheiratet. Manchmal wusste Franz gar nicht mehr genau, wie lange schon. Er konnte sich einfach nicht mehr daran erinnern, wie es ohne diese ruhige und herzensgute Frau an seiner Seite gewesen war. Ein Leben ohne seine geliebte Magda, das konnte er sich beim besten Willen nicht vorstellen.

Neben den vielen Dingen, die er an seiner Frau so sehr schätzte, stand Magdas Kochkunst ganz oben auf der Liste. Franz liebte ihre einfache Hausmannskost, die süßen Sonntagskuchen, die luftigen Rühreier zum Frühstück und die festlichen Braten an den Feiertagen. Für ihn war Magda eine begnadete Köchin, doch immer wenn er sie danach fragte, was denn das Geheimnis ihrer leckeren Gerichte sei, deutete Magda nur mit einem leichten Kopfnicken zu der kleinen, blechernen Dose auf dem Regal über der Anrichte. Die Dose, bedruckt mit kleinen, längst verblassten Blüten,

hütete Magda wie ihren Augapfel, und jedem, wirklich jedem war es verboten, ihren Deckel zu öffnen und hineinzuschauen. Alle hielten sich respektvoll daran.

Auch als die Kinder noch im Haus waren, stand die Dose schon am selben Platz, und jedes Essen, das Magda auf ihrem Herd zauberte, würzte sie mit deren Inhalt.

Magda hatte die Dose samt ihrem geheimen Inhalt als Hochzeitsgeschenk von ihrer Mutter bekommen, und zu Beginn ihrer jungen Ehe hatte sich Franz nicht sehr dafür interessiert. Ihm war nur aufgefallen, dass Magda mehrmals täglich beim Kochen hineingriff, um das feine Gewürz über die Speisen zu streuen. Irgendwann entdeckte er, dass seine Frau die Dose nie nachfüllte, doch auf seine Frage erntete er nur ein stilles Lächeln.

Die Jahre gingen ins Land, und Franz wurde immer neugieriger, aber er hütete sich davor, heimlich nachzusehen.

Was verbarg sich nur in dieser Dose? Welches Wunderkraut oder -gewürz ließ Magdas Essen so wunderbar schmecken?

Mit der Zeit wurden die beiden gebrechlicher. Magda kochte immer noch vorzüglich, doch Franz machte sich Sorgen um seine Frau. Sie wurde von Schmerzen geplagt und ihre Beine trugen sie nicht mehr so gut. Eines Tages brach Magda in der Küche zusammen. Man brachte sie ins Krankenhaus, denn ihr Herz war sehr schwach und schlug unregelmäßig. Franz war am Boden zerstört.

Er besuchte seine Frau jeden Tag. Es stand nicht gut um sie. Eines Tages, als er erschöpft und traurig von der Klinik nach Hause kam, setzte er sich müde in der Küche an den kleinen Esstisch. Da fiel sein Blick auf die Dose. Er dachte an seine Magda und wie oft sie dieses Ding in ihren Händen gehalten hatte. Er erinnerte sich an all die Leckereien, die sie für ihn gekocht hatte, und wie wohlig er sich immer nach dem Essen gefühlt hatte. Er stand auf und holte die Dose vom Regal. Franz streichelte zärtlich über das Blech und dachte dabei an Magdas Hände, die es so oft berührt hatten. Dann hob er vorsichtig den Deckel. »Entschuldige, meine Liebe«, murmelte er dabei. »Ich weiß, ich soll dein Geheimnis nicht lüften, aber ich vermisse dich so sehr!« Eine kleine Träne tropfte auf den Kragen seines Hemdes.

Erst jetzt fiel ihm auf, wie leicht die Dose war. Er blickte hinein und sah lediglich einen kleinen, gefalteten Zettel darin liegen. Folgende Worte standen darauf in verblasster Schrift: »Mein liebes Kind, heute ist der glücklichste Tag in Deinem Leben. Du heiratest Deinen Franz. Er ist ein guter Mann, und ich wünsche Euch beiden eine wundervolle Ehe. Vergiss nie, liebe Magda, dass nur die Liebe allein Bestand hat auf dieser Welt, aber sie muss stets gehegt und gepflegt werden. Würze also Euer gemeinsames Leben täglich damit, dann kann Euch nichts passieren. Deine Mama!«

Ein paar Tage später starb Magda. Franz war untröstlich, doch mit der Zeit lernte er, mit diesem herben Verlust zu leben. Er folgte seiner Frau zehn Jahre später. In seinem Nachlass fand man einen handgeschriebenen Zettel, worin er darum bat, dass die alte Küchendose im Regal über dem Herd mit ihm begraben werden sollte.

Es ist genau jene Prise Liebe, die vielen von uns fehlt. Wir leben tagein, tagaus vor uns hin und sehnen uns oft nach einem anderen Leben – und nicht selten auch nach der großen Liebe, zum Beispiel in Gestalt eines liebevollen Partners. Dabei vergessen wir, wie wichtig es ist, in genau diesem jetzigen Moment und in genau jene Menschen und Lebewesen, die uns gerade umgeben, so viel Liebe wie möglich fließen zu lassen, und sei es eben nur eine unsichtbare Prise.

Alles liebevoll wertschätzen

Wenn wir lernen, jeder Minute unseres Lebens mit Liebe und Achtung zu begegnen, können wir es so annehmen, wie es ist. Nur dann haben wir früher oder später auch die Kraft und die nötige Selbstliebe, uns für neue Lebenswege zu entscheiden und die inneren Fesseln zu sprengen.

Die Liebe hat viele Facetten. Sie alle haben eine befreiende Wirkung auf das Herz. So können uns zum Beispiel Dankbarkeit und Wertschätzung zutiefst erfüllen und bis in die letzte Faser unserer Seele durchdringen. Ein dankbares Herz ist angefüllt mit Freude und Liebe. Es geht aber nicht nur um Dankbarkeit für das, was wir bekommen. Ein Gefühl inneren Reichtums kann auch entstehen, wenn wir anderen geben oder helfen und wenn unser Geschenk – was immer es auch sein mag – dabei freudig angenommen wird.

Das Ehrenamt

Eine gute Freundin von mir ist seit vielen Jahren ehrenamtlich tätig. Sie besucht einmal in der Woche einsame Menschen im Altersheim.

um ein bisschen Zeit mit ihnen zu verbringen.

Meine Freundin lebt seit Langem in einer unglücklichen Partnerschaft, aus der sie sich nicht zu befreien wagt. Immer wieder wird sie von Verzweiflung und Depressionen heimgesucht, doch für den entscheidenden letzten Schritt hat sie nicht

ein Gefühl von Schwerelosigkeit macht sich dann in ihr breit, und das Herz wird ihr dabei so leicht, als wäre sie wieder verliebt wie damals, als sie noch jung und unbeschwert war. Dieses Gefühl der erfüllten Liebe hält tagelang danach noch an und hilft ihr, den Alltag zu meistern.

»Je mehr Liebe man gibt, desto mehr besitzt man davon.«
Rainer Maria Rilke

den Mut. Sie verharrt stoisch an der Seite ihres cholerischen Mannes. Als ich mich im Rahmen der Recherche für dieses Buch mit ihr traf, um sie über diese persönliche »Fessel« zu befragen, da begann sie nach kürzester Zeit mit leuchtenden Augen von ihren Begegnungen im Heim zu erzählen. Meine Freundin mag vielleicht niemals ihre schmerzvolle Sicherheitszone verlassen, aber sie hat trotzdem eine Form von Freiheit gefunden. Sie schilderte mir, wie ihr Herz jedes Mal vor Freude und Zuneigung ganz weit wird, wenn sie in die Augen ihrer alten Freunde blickt;

Ein solch beschwingtes Gefühl wie jenes, das meiner Freundin bis heute hilft, sich nicht komplett von ihrer Fessel einengen zu lassen, hat sicher jeder von uns schon einmal erfahren dürfen. Meistens entsteht es, wenn wir aus vollem Herzen geben und lieben. Wir geben ohne die Erwartung, etwas dafür zurückzubekommen, und plötzlich empfangen wir im Überfluss.

Manchmal sogar aus einer Ecke, aus der wir es überhaupt nicht erwarten. Aber wahre, uneingeschränkte Liebe sucht sich eben ihren eigenen Weg und lässt sich nicht von uns kontrollieren oder einschränken.

Die Liebe ist eine mächtige Kraft

Ich habe einen kleinen, nepalesischen Patensohn. Sein Name ist Suresh. Er ist sieben Jahre alt und lebt mit seinen 20 »Geschwistern« in einem Waisenhaus nahe Kathmandu. Bis vor Kurzem habe ich jedes Jahr Geld nach Nepal überwiesen, damit Suresh auf eine gute Schule gehen

Vier Wochen lang lebte ich in Sipadol, einem Dorf in den Bergen oberhalb der Stadt Bhaktapur. Ich half beim Bestellen der Felder – das Waisenhaus versorgt sich weitestgehend selbst – und spielte mit den Kindern. Mit den Waisenhausmüttern, drei wundervollen jungen Frauen, die im Haus leben und die Kinder täglich versorgen, kochte ich Reis für Frühstück und Abendessen.

> »Gut für sich selbst zu sorgen bedeutet, auch anderen zu helfen.
> Du hörst auf, die Quelle des Leidens in der Welt zu sein,
> und wirst zu einer Ressource der Freude und Erquickung.«
> *Thich Nhat Hanh*

kann. Dann kam plötzlich eine E-Mail vom anderen Ende der Welt. Riya, die Waisenhausgründerin, fragte mich, ob ich nicht kommen wolle, um Suresh kennenzulernen. Binnen zwei Stunden hatte ich einen Flug gebucht und drei Monate später saß ich im Flieger nach Kathmandu.

Den Jungs und Mädels half ich beim Waschen der Schuluniformen in dem Bächlein, das durchs Dorf fließt. Die Herzen der Kinder flogen mir innerhalb weniger Tage zu wie kleine Vögelchen, und Suresh und ich wurden dicke Freunde. »You love me?«, fragte er mich jeden Tag, wenn er um 16 Uhr von der Ganz-

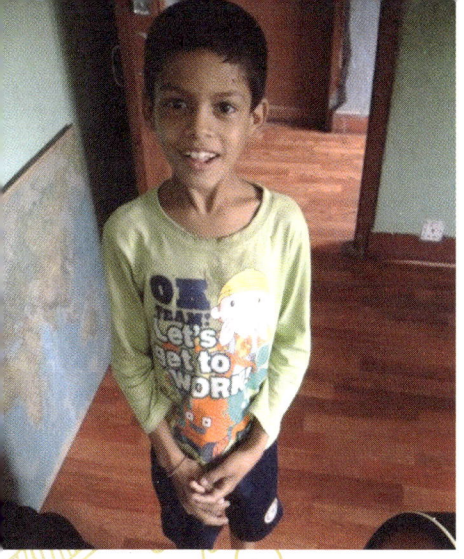

*tagsschule kam. »Yes, I love you!«,
antwortete ich, und dann sprang er
auch schon davon, um mit seinen
Brüdern Fußball zu spielen.
In jener Zeit zerschnitt ich innerlich
endgültig meine letzte Fessel, die
mich an Lars gebunden hatte.
Zwar bin ich anfangs in Nepal hin
und wieder noch traurig gewesen
und hatte Angst davor, was die Zukunft bringen möge – und ob ich
überhaupt noch einmal richtig lieben könnte –, doch im Zusammen-
leben mit den Kindern und den
Menschen im Dorf brachen die letzten Verkrustungen um mein Herz
auf und ich begann, bedingungslos
zu lieben. Die unvoreingenommene
Offenheit und Zugewandtheit, mit
denen mir nicht nur die Kinder,
sondern fast das komplette Dorf be-*

*gegneten, bewirkten, dass auch ich
mich öffnete. Das Lachen der
Menschen und die Einfachheit des
Lebens dort ließen meine inneren
Blockaden schmelzen wie Eis in der
Sonne. Wir teilten alles miteinander: das Essen, aber auch Leid und
Kummer, Freude und Glück. Jeder
im Dorf gab auf den anderen acht,
keiner ging in Einsamkeit oder Not
verloren. Und mir wurde langsam
und mit absoluter Sicherheit klar,
dass wirkliche Liebe wahrhaft alles
und jeden mit einschließt.
Im Laufe der Wochen verblassten
die allerletzten »Reste« von Lars,
und die Lücke, die er hinterließ,
wurde gefüllt mit den wunderschönen Gesichtern von Suresh, seinen
Geschwistern und all den anderen
Menschen in Sipadol.*

Wir werden an anderer Stelle noch
einmal – im Rahmen einer speziellen
Übung – zur heilsamen Kraft des Gebens zurückkommen. Doch zunächst
wollen wir eine Meditationspraxis näher betrachten, der der Buddha einen
ähnlich hohen Stellenwert beigemessen hat wie Vipassana, der Einsichtsmeditation (Seite 49): die Metta- oder
Liebende-Güte-Meditation.

Grenzenlose Liebe

Das reine Herz

Schon die alten Ägypter behaupteten, dass unser Herz die gleiche Intelligenz wie das Gehirn (beziehungsweise unser Geist) besitzt. Und auch in der buddhistischen Tradition spricht man vom sogenannten Herzgeist, auch *bodhicitta* genannt. Bodhicitta ist jene strahlende, von Vorurteilen freie Liebe, die einem reinen Herzen entspringt tuell und in gewisser Weise kalt und rational. Auf dieser Ebene begreifen wir lediglich mit dem Verstand den steten Wandel, der das Leben an sich ausmacht. Erst wenn wir uns auch mit den Ängsten und anderen unangenehmen Gefühlen, die dieses Wissen mit sich bringt, auseinandersetzen und diese zulassen, findet das Verstehen auf einer viel tieferen Ebene, nämlich im Herzgeist, statt.

> *»In einem guten Wort ist Wärme für drei Winter.«*
>
> *Hans Carossa*

und die gleichzeitig von allumfassendem Wissen und Verstehen durchdrungen ist.

Herz und Geist bedingen einander und sind im Grunde nicht voneinander zu trennen. Tiefes Verständnis und das Wissen um die Dinge, wie sie funktionieren, nützen uns wenig oder nichts, wenn sie auf ein enges Herz ohne Mitgefühl und Empathie treffen. Unser Verstehen bleibt dann intellek-

Übung: Liebende-Güte-Meditation

Die Meditation der liebenden Güte, in der buddhistischen Tradition *metta* genannt, ist eine Sammlungsmeditation. Der Geist wird ruhig und konzentriert, gleichzeitig öffnet sich das Herz einer universellen Liebe, die weder ausgrenzt, bewertet noch verurteilt.

Zu Beginn Ihrer Übungspraxis reichen 10 bis 15 Minuten vollkommen aus, nach ein paar Wochen können Sie die Meditationszeit beliebig erhöhen. Metta lässt sich aber zum Beispiel auch prima im Auto, im Zug, beim Spazierengehen oder in einer stillen Minute am Arbeitsplatz praktizieren.

✳ Begeben Sie sich anfangs zum Üben an einen ruhigen Ort, wo Sie nicht gestört werden können. Setzen Sie sich bequem, aber so aufrecht wie möglich hin. Wenn Sie möchten, nehmen Sie eine klassische Meditationshaltung ein, zum Beispiel den Schneidersitz auf einem Meditationskissen. Dies ist aber nicht zwingend nötig.

✳ Schließen Sie die Augen und atmen Sie für zwei, drei Atemzüge tief durch.

✳ Gehen Sie nun mit der Aufmerksamkeit zu den Füßen. Spüren Sie in beide Füße hinein und nehmen Sie sorgfältig alle Empfindungen »dort unten« wahr. Versuchen Sie, genau zu erspüren, wie sich Ihre Füße und Zehen anfühlen, zum Beispiel warm oder kalt, und spü-

ren Sie den Boden, auf dem sie aufliegen – ohne einzugreifen beziehungsweise etwas verändern zu wollen.

✳ Gehen Sie dann mit der Aufmerksamkeit weiter zum Gesäß. Beobachten Sie, wie es auf dem Stuhl oder auf dem Kissen aufliegt. Registrieren Sie kleine Feinheiten: Ist die Sitzauflage angenehm oder unangenehm? Können Sie Ihre Sitzhöcker spüren?

✳ Wandern Sie zu guter Letzt mit der Aufmerksamkeit zum Brustkorb und beobachten Sie das regelmäßige Heben und Senken beim Ein- und Ausatmen. Verweilen Sie dort für einen Moment, ohne Ihre Atmung willentlich zu beeinflussen.

✳ Richten Sie nun Ihr Gewahrsein auf die Herzgegend. Stellen Sie sich Ihr Herz als einen weiten, von sanftem rosa Licht durchfluteten Raum vor. Sprechen Sie dann im Stillen folgende vier Sätze. Tun Sie dies ganz achtsam und versuchen Sie bei jedem Satz, mit Ihrem Herzen in Verbindung zu bleiben.

Fühlen Sie sich tief in die Sätze ein – und gehen Sie erst dann zum nächsten Satz weiter, wenn Sie das Gefühl haben, dass Sie die Worte verinnerlicht und zutiefst gefühlt haben.

»Möge ich glücklich sein.«

»Möge ich frei sein von inneren und äußeren Gefahren.«

»Möge ich gesund sein.«

»Möge ich heiter und gelassen durchs Leben gehen.«

✳ Beginnen Sie nach dem vierten Satz wieder von vorn und wiederholen Sie das Ganze so lange, bis Sie das Gefühl haben, rundherum von Liebe genährt zu sein.

Es ist möglich – ja sogar sehr wahrscheinlich! –, dass während dieser Meditation auch unangenehme Gefühle aufsteigen. Dies bedeutet nicht, dass Sie etwas falsch gemacht haben. Im Gegenteil, im Rahmen des liebevollen Sich-selbst-Zuwendens »trauen« sich alte, vielleicht längst verdrängte Gefühle wie Angst, Selbsthass oder Trauer an die Oberfläche, um endlich heilen zu können. Haben Sie den Mut,

diese Weggefährten willkommen zu heißen, und fahren Sie dann mit den vier Sätzen fort.

✳ Beenden Sie die Liebende-Güte-Meditation mit ein paar tiefen, bewussten Atemzügen.

Falls Ihnen übrigens der vorgegebene Wortlaut der vier Sätze nicht zusagt und Sie keine Resonanz im Herzen spüren, können Sie natürlich eigene Sätze kreieren.

Die Liebe zu sich selbst nähren

Das Praktizieren von liebender Güte hat in allen buddhistischen Traditionen einen hohen Stellenwert – sie wird jedoch manchmal anders bezeichnet. In der Regel übt man aber nur eine gewisse Zeit lang mit sich selbst als »Herzenskanditat«.

Hat man die Liebe dann fest im eigenen Herzen verankert, wird liebende Güte zunächst auf einen guten Freund oder auf einen Mentor ausgeweitet, dann auf eine neutrale Person (zum Beispiel auf jemanden, den man nur vom Sehen her kennt) und zu guter Letzt auf eine sogenannte schwierige Person. Das kann beispielsweise ein Freund sein, mit dem Sie schon seit Längerem Streit haben.

»Als er gefragt wurde, was es heißt, ein Liebender zu sein, gab er zur Antwort: ›Was immer du im Kopf hast, vergiss es. Was immer du in der Hand hältst, gib es her. Was immer dein Schicksal zu sein hat, stell dich ihm.‹«
Abu'l-Khayr

Um sich endgültig von inneren Fesseln befreien zu können, ist es meines Erachtens enorm wichtig, sich auf die heilsamen und herzöffnenden Aspekte der Liebe auszurichten. Nur ein liebendes Herz ist wirklich frei!

Die vorangegangene Liebende-Güte-Meditation lehrt uns zunächst, uns selbst zu lieben. Sie nährt unsere innere Sehnsucht und das Bedürfnis nach Liebe wie ein sanfter Regen, der auf ausgetrocknete Erde fällt.

Erst wenn wir unser Herz bis zum Rand mit Selbstliebe angefüllt haben, beginnt es buchstäblich überzulaufen, um auch andere selbstlos mit Liebe, Güte und Mitgefühl zu beschenken.

Um die Selbstliebe noch ein bisschen stärker zu unterstützen, möchte ich Ihnen im Folgenden eine weitere, eher spielerische Übung anbieten. Sie wird Ihr Herz bezaubern und die Liebe, die Sie nun vielleicht schon zaghaft für sich selbst empfinden, weiter verankern, sodass sie letztendlich tiefe Wurzeln schlagen und ein Segen für alle werden kann.

Übung: Ich liebe dich!

Diese Übung geht über mehrere Wochen; sie macht allerdings so viel Freude, dass Sie vielleicht gar nicht mehr damit aufhören wollen – und sie ist zudem auch noch denkbar einfach.

✳ Kaufen Sie sich eine hübsche Pappschachtel, schönes Briefpapier und einen tollen Stift oder Füller. Legen Sie einen fixen Tag in der Woche fest, an dem Sie sich von nun an regelmäßig selbst einen Liebesbrief schreiben.

✳ Richten Sie an Ihr eigenes Herz die wunderbarsten Liebeserklärungen. Bewahren Sie sie in der Schachtel zum Nachlesen auf.

✳ Hören Sie mit dieser Übung erst auf, wenn Sie das Gefühl haben, wirklich satt und zufrieden im Inneren zu sein.

Wenn Sie möchten, senden Sie sich die Briefe tatsächlich per Post. Ich schickte mir selbst auch über längere Zeit Liebesbriefe und freute mich beim Öffnen des Briefkastens wie ein Kind.

Der Adler im Hühnerstall

An einem herrlichen Frühsommertag wanderte Joe wieder einmal durch die Berge, die sich direkt hinter seiner Farm in den kalifornischen Himmel erhoben. Da fand er ein verlassenes, aber noch vollkommen intaktes Ei. Er erkannte sofort, dass es sich um das Ei eines Adlers handelte, und beschloss, es mit nach Hause zu nehmen.
Joe betrieb auf seiner Farm eine professionelle Hühnerzucht, und so kam es, dass sich das Ei aus der Wildnis in dem behaglichen Nest einer brütenden Henne wiederfand. Zwar war Joe sich nicht sicher, ob tatsächlich ein kleiner Raubvogel schlüpfen würde, aber einen Versuch war es ihm wert.

Und tatsächlich, nach einiger Zeit schlüpfte inmitten all der gackernden Hühner ein perfektes Adlerküken. Die Wochen gingen ins Land, und der kleine Adler wuchs heran. Doch anders als in freier Wildbahn, wo er sich, genau wie seine Artgenossen, zu einem wahren König der Lüfte entwickelt hätte, tat er es der Hühnerschar auf Joes Farm gleich und begann eifrig im Dreck zu scharren, rhythmisch mit dem Kopf zu nicken und mit den Flügeln zu schlagen, ohne jemals mehr als ein paar Zentimeter vom Boden abzuheben.

Eines Tages bekam Joe Besuch von seinem besten Freund Tom. Tom verdiente sein Geld als Wildhüter, und als er den jungen Adler inmitten der Hühnerfamilie sah, überredete er seinen Kumpel, ihm den Vogel zu überlassen. Und so kam es, dass der nach Würmern und Körnern pickende Raubvogel endlich sein wahres Ich kennenlernte.
Tom begann mit dem Adler zu trainieren, und Schritt für Schritt gewöhnte er dem jungen Tier die Gebaren eines Huhns wieder ab.
Die beiden übten jeden Tag miteinander, bis der Adler eines Tages seine gewaltigen Flügel ausbreitete und sich mit einem triumphierenden Schrei in den Himmel erhob.

In den ersten Wochen kehrte er immer wieder zu Tom zurück, doch mit der Zeit dehnte der majestätische Vogel seinen Radius weiter aus,

bis er schließlich für immer verschwand. Tom vermisste seinen Gefährten anfangs sehr, aber dann verblassten die Erinnerungen an den ungewöhnlichen Adler, der als Huhn zu ihm gekommen war.

Die Jahre gingen ins Land und Tom zog an einen neuen Arbeitsplatz. Als er sich dort bei den ortsansässigen Farmern als der neue Wildhüter vorstellte, traute er eines Tages seinen Augen nicht. In einem großen Freiland-Hühnergehege entdeckte er fröhlich pickend »seinen Adler«. Auf den großen Vogel angesprochen, erklärte ihm der Besitzer lachend, dass sich dieser Adler anscheinend in eine seiner Hennen verliebt hätte. Immer wieder komme er für ein paar Tage vorbei, um sich den Hühnern anzuschließen und sich wie diese zu verhalten. Aber dann sei er wieder verschwunden. Dies ginge jetzt schon lange so, und mittlerweile hätten sie sich alle an den seltsamen Vogel gewöhnt.
Als Tom an das Gitter des Geheges trat, reckte der Adler kurz seinen Kopf, stieß einen lauten Begrüßungsschrei aus … und scharrte dann friedlich weiter.

Oft wollen wir alte, blockierende Muster verständlicherweise dringend loswerden. Wir fühlen uns zum Beispiel durch unsere Erziehung blockiert und unfrei. Wenn wir lernen, diese alten Muster, die manchmal eben auch Bestandteile unserer Wurzeln sind, liebevoll zu integrieren, ohne uns von ihnen beherrschen zu lassen, dann ist dies eine Form des Loslassens auf einer sehr viel tieferen Ebene: Wir lassen nicht los, drehen uns um und gehen, sondern wir lassen die Dinge so sein, wie sie sind beziehungsweise gewesen sind, und akzeptieren, dass wir das Vergangene nicht mehr ändern können – Loslassen geschieht dadurch ganz von allein.

Unser kleiner Adler ist trotz seiner »beengten Erziehung« im Hühnerstall und mit der zusätzlichen Hilfe des Freundes zu einem stolzen Raubvogel herangewachsen – ohne seine Wurzeln je verleugnen zu müssen.

Die Vergangenheit integrieren

Mithilfe unserer ersten drei Übungen auf dem Weg der Liebe konnten wir genügend Selbstliebe im Herzen kultivieren. Nun beginnen wir, unseren Radius zu erweitern, um uns letztendlich irgendwann wie der junge Adler in der Geschichte mit einem befreienden Schrei – und getragen von Akzeptanz und Freude – in die Lüfte zu erheben.

Die Akzeptanz und Integration dessen, was in der Vergangenheit geschehen ist, und die Wertschätzung der guten Seiten unserer Eltern und Ahnen: Zusammen schaffen sie einen weiten Raum, in dem tatsächlich alles sein durfte – und noch sein darf –, ohne uns in unserer Freiheit weiterhin einzuschränken oder zu beschneiden. Natürlich ist es schwierig, sich mit Vergangenem auseinanderzusetzen, noch dazu, wenn die Vergangenheit von Verletzungen und Schmerz geprägt war. Ohne therapeutische Hilfe hätte ich persönlich mich niemals in die dunklen Ecken meiner Familiengeschichte gewagt. Nehmen Sie also unbedingt professionelle Hilfe in Anspruch, wenn Sie bemerken, dass

Ihnen die Last zu schwer wird, um sich allein damit auseinanderzusetzen. Keiner muss allein gehen! Die tröstende Hand eines Menschen, der auch in schlimmsten Stunden weiß, was zu tun ist, kann Ihnen dabei helfen, alte Wunden schneller heilen zu lassen.

kommen klar und bewusst, durch diesen Ozean an Hass navigierte, konnte ich alle unheilvollen Geisteszustände in mir ungeschminkt ansehen. Es blieb zwar schrecklich, aber nach und nach konnte ich erkennen, wie schmerzlich dieser Zustand wohl auch für meinen

> *»Schön ist eigentlich alles,*
> *was man mit Liebe betrachtet.«*
> *Christian Morgenstern*

Das verborgene Dunkle ausleuchten

Für mich ist es heute noch schwer, manche Familiengeschehnisse von früher zu akzeptieren. Die Gewalttätigkeit und den Alkoholismus meines Großvaters mit Liebe zu betrachten, fordert mich stets aufs Neue heraus. Etwas leichter wurde es für mich erst, als ich im Laufe eines sehr intensiven, mehrwöchigen Meditationskurses auf meine eigene innere Gewalttätigkeit stieß.

Ich war dermaßen schockiert über diesen schrecklichen Samen, den ich da in mir trug, dass ich den Kurs vorzeitig abbrechen wollte. Doch mit der Hilfe meiner Meditationslehrerin, die mich sehr liebevoll, aber auch voll-

Großvater gewesen sein muss. Dies entschuldigt zwar in keiner Weise sein Handeln, aber ich konnte ihn nun besser verstehen.

Ich glaube, es ist für unser Seelenheil enorm wichtig, uns mit den unschönen Dingen in unseren Ursprungsfamilien, in denen wir aufgewachsen sind, schonungslos auseinanderzusetzen. Nur dann können wir später auch das Schöne und Gute in uns und in unseren Familienmitgliedern entdecken. Wenn wir mit dem Lichtstrahl der Liebe, einer Taschenlampe gleich, auch in die dreckigsten und unheimlichsten Ecken leuchten, um das dort Verborgene zutage zu bringen, kann all das Dunkle und Unverarbeitete in unseren Herzen nicht mehr unerkannt

weiterwachsen und wuchern. Wir werden endlich frei.

Ich möchte Sie an dieser Stelle also noch mal bitten, selbstverantwortlich und mutig an alte Geschichten, die Sie blockieren und fesseln, heranzugehen – sei es mit professioneller Hilfe oder im Alleingang. Je mehr Aufklärungsarbeit Sie leisten, umso befreiter werden auch Ihre Nachkommen sein, davon bin ich überzeugt.

Die nächste Schreibübung wird Sie mit den heilsamen und schönen Anteilen Ihrer persönlichen Ahnenreihe in Berührung bringen. Vielleicht gibt Ihnen dies danach zusätzlich Kraft, sich mit den dunkleren Aspekten Ihrer Wurzeln auseinanderzusetzen.

In erster Linie soll Ihnen diese Praxis aber im wahrsten Sinne des Wortes Flügel verleihen, damit Sie sich wie unser Adler in der Geschichte, gestärkt und unterstützt durch die Kraft der Ahnen, hoch in den Himmel schrauben können.

Ahnen ehren – die Erde berühren

Der vietnamesische Zenmeister Thich Nhat Hanh empfiehlt seinen Schülern immer wieder, blutsverwandte und geistige Ahnen und Vorfahren im Rahmen einer sogenannten Erdberührung zu ehren, um sich mit ihnen im Guten zu verbinden.

Die Erdberührung

Im Stehen faltet man die Hände vor der Stirn, um sie dann, weiterhin gefaltet, vor die Brust zu führen. Folgenden Satz rezitierend, legt man sich anschließend in voller Länge mit dem Gesicht nach unten auf den Boden. Die Arme sind lang nach vorn ausgestreckt: *»Die Erde berührend verbinde ich mich mit den Vorfahren und Nachkommen meiner geistigen wie auch meiner blutsverwandten Familie.«*

der Weisheit, der Liebe und des Glücks übertragen haben. Sie haben die Quelle des Verstehens und des Mitgefühls in mir erweckt.

Wenn ich alle meine geistigen Vorfahren betrachte, sehe ich solche, die in der Praxis der Richtlinien, im Verstehen und Mitgefühl vollkommen sind, und solche, die noch nicht vollkommen sind. Ich akzeptiere sie alle, denn ich sehe in mir selbst Fehler und Schwächen.

»Dem Vergangenen Dank, dem Kommenden: Ja!«
Dag Hammarskjöld

Dieser Satz wird innerlich von einem längeren Text begleitet, den sich der Meditierende vor der eigentlichen Erdberührung sorgfältig durchgelesen hat:

»Meine geistigen Vorfahren umfassen den Buddha, die Bodhisattvas, die edle Gemeinschaft der Schüler und Schülerinnen des Buddha, die Patriarchen aller Zeiten und meine eigenen spirituellen Lehrer und Lehrerinnen, seien sie noch am Leben oder schon verstorben. Sie sind in mir gegenwärtig, weil sie mir Samen des Friedens,

Im Bewusstsein, dass meine Praxis der Richtlinien nicht immer vollkommen ist und ich nicht immer verständnisvoll und mitfühlend bin, öffne ich mein Herz und akzeptiere auch meine geistigen Nachkommen.

Einige meiner Nachkommen praktizieren die Richtlinien, Verstehen und Mitgefühl in einer Weise, die Vertrauen und Achtung hervorruft, doch gibt es auch solche, die vielen Schwierigkeiten begegnen und die in ihrer Praxis ständig Höhen und Tiefen unterworfen sind.

Auf die gleiche Weise akzeptiere ich alle meine blutsverwandten Vorfahren auf der Seite meiner Mutter und auf der Seite meines Vaters. Ich akzeptiere alle ihre guten Eigenschaften und guten Taten, und ich akzeptiere auch alle ihre Schwächen. Ich öffne mein Herz und akzeptiere alle meine blutsverwandten Nachkommen mit ihren guten Eigenschaften, ihren Begabungen und auch ihren Schwächen.
Meine geistigen und meine blutsverwandten Vorfahren und meine geistigen und meine blutsverwandten Nachkommen sind alle ein Teil von mir. Ich bin sie, und sie sind ich. Ich habe kein eigenständiges Selbst. Alles existiert als Teil eines wunderbaren Lebensstroms, der immer fließt.«

Übung: Die guten Samen meiner Vorfahren

Wenn Sie möchten, können Sie vorab die Erdberührung von Seite 123 praktizieren. Dies ist zwar nicht zwingend nötig, verhilft Ihnen aber zu einer tieferen Verbundenheit.

In dieser Schreibübung geht es aber nun nicht um unsere geistigen Ahnen und Vorbilder, sondern ausschließlich um die blutsverwandten Vorfahren.

✳ Notieren Sie die guten und schönen Eigenschaften Ihrer Vorfahren auf der folgenden Seite.
Nehmen Sie sich genügend Zeit zum Nachdenken und beziehen Sie auch Ihre lebende Verwandtschaft mit ein.

✳ Richten Sie den Fokus auf all jene guten Eigenschaften, die in Ihrer Familie die Möglichkeit hatten, über viele Generationen hinweg zu wachsen und Früchte zu tragen. Halten Sie dabei auch nach Kreativität, ungewöhnlichen Talenten, liebevollen Charakterzügen und guten Taten Ausschau.

✳ Machen Sie sich bewusst, welch großes, gesundes Potenzial an vererbten und weitergegebenen Samen in Ihnen schlummert – nur darauf wartend, durch Eigeninitiative zu einem bunten Garten zu erblühen.

DIE GUTE SAAT ...

MEINER MUTTER:

MEINES VATERS:

MEINER GESCHWISTER:

MEINER GROßMÜTTER:

MEINER GROßVÄTER:

ANDERER FAMILIENMITGLIEDER:

Der Sprung in der Schüssel

Es war einmal eine alte chinesische Frau, die zwei große tönerne Schüsseln besaß. Diese hingen an den Enden einer Stange, und sie transportierte damit Wasser vom Fluss nach Hause. Eine der Schüsseln hatte einen Sprung, während die andere makellos war.

Am Ende der langen Wanderung vom Fluss zum Haus der alten Frau war die makellose Schüssel stets noch voll Wasser, die Schüssel mit dem Sprung hingegen nur noch halb voll. Zwei Jahre lang geschah dies täglich, die alte Frau brachte immer nur anderthalb Schüsseln mit Wasser nach Hause.

Die makellose Schüssel war natürlich sehr stolz auf ihre Leistung, wohingegen sich die arme Schüssel mit dem Sprung wegen ihres Makels furchtbar schämte. Nach zwei Jahren, die ihr wie ein endloses Versagen vorkamen, fasste sich die kaputte Schüssel ein Herz und sprach zu der alten Frau: »Ich schäme mich so wegen des Sprungs, aus dem immerzu das Wasser läuft!« Die alte Frau aber lächelte leise:

»Ist dir aufgefallen, dass auf deiner Seite des Weges Blumen blühen, auf der anderen aber nicht? Ich habe auf deiner Seite des Pfades Blumensamen gesät, weil ich mir deines Fehlers bewusst war; jetzt gießt du sie jeden Tag, wenn wir nach Hause laufen. Seit zwei Jahren schon kann ich diese wunderschönen Blumen pflücken. Wenn du nicht genau so wärst, wie du bist, würde diese Schönheit nicht existieren und unser Haus damit beehren!«

Wir alle haben neben unseren guten Samen auch unsere ganz persönlichen Macken und Fehler. Niemand ist perfekt! Aber es sind genau diese »Sprünge und Risse«, die unser aller Leben so interessant und auch liebenswert machen. Ohne unsere Fehler – und ohne die der anderen – wäre unsere Welt weit weniger bunt und vielfältig.

»Urteile nicht hart über dich selbst. Ohne Erbarmen mit uns selbst sind wir außerstande, die Welt zu lieben.« Buddha

Von der Kraft des Segnens

Vor einigen Jahren – ich lebte und arbeitete damals in Kalifornien – traf ich auf eine Gruppe beeindruckender Menschen, die auf malerischen Klippen hoch über der rauen See des Pazifik ein kleines Meditationszentrum für krebskranke Menschen errichtet hatten. Ein Großteil der Mitarbeiter war jüdischer Abstammung, aber das wirklich Besondere an der Belegschaft war, dass sie alle selbst schon, mitunter auch mehrfach, an dieser beängstigenden Krankheit gelitten hatten oder immer noch litten. Ihre Erfahrungen, vor allem aber ihren heilsamen Umgang mit dieser Geißel des Körpers, dieser schrecklichen Fessel, gaben sie nun an die Gäste weiter. Für die meisten Menschen, die an den wunderschönen, erholsamen Ort kamen, war dies eine der letzten Stationen auf Erden, bevor sie ihre größte Reise antraten – sie galten als »austherapiert«.

Ich lernte Waz, den Leiter des Hauses, im Rahmen einer Buchrecherche kennen. Wir unterhielten uns lange in seinem winzigen Büro, dann führte er mich über das Gelände mit den hübschen kleinen Bungalows, in denen die Gäste – mitsamt medizinischer Versorgung – untergebracht waren. Im Gehen erzählte er mir von den verschiedenen Meditationsformen, die das Zentrum anbot.

Konflikte und Blockaden klären und heilen

Am Ende eines jeden Lebensweges gehe es ja fast immer um das Heilen alter Konflikte und noch bestehender Blockaden, erklärte mir Waz, während wir am Klippenweg entlanggingen. Die Menschen würden gern, bewusst oder unbewusst, Dinge klären und bereinigen, bevor sie sich aufmachen, diese Welt zu verlassen.

Doch manchmal sei dies aus unterschiedlichen Gründen nicht mehr möglich, wenn es zum Beispiel darum ginge, einen alten schwelenden Konflikt innerhalb der Familie aufzulösen. In diesem Fall würde hier im Rahmen des Kurses auf eine alte jüdische Tradition zurückgegriffen, die aber auch in jeder anderen Religion zu finden sei: die Segnung der Familienangehörigen. Bei dem Wort »Segnung« rührte sich sofort etwas in meinem Herzen und ich spürte eine tiefe Sehnsucht, die ich nicht näher benennen konnte.

In der jüdischen Tradition werden laut Waz am Sabbat vor allem die Kinder gesegnet. Dabei berühren die Eltern oder die Großeltern mit den Händen den Kopf des Kindes und sprechen segnende und beschützende Worte.

Segnen wir unsere Liebsten, auch wenn sie im Moment vielleicht meilenweit entfernt sind, dann entsteht dadurch eine tiefe Herzensverbindung jenseits von Kummer, Streit oder einer anderen Form von Konflikt.

Wir lassen, wenn auch vielleicht nur für einen kurzen Moment, alles Negative los und werden frei für das Wohlwollen, das wir dem anderen gegenüber hegen.

Segnen Sie innerlich nicht nur Ihre Kinder, sondern auch Freunde, die Eltern oder Menschen, mit denen Sie anderweitig verbunden sind. Lassen Sie dies zu einer regelmäßigen Praxis werden, die sich jederzeit – und nicht nur am Sabbat – still und heimlich wunderbar in den Alltag integrieren lässt.

»Nähert euch allen Dingen und allen Wesen mit dem freundlichen Gesicht der Milde.«
Zenmeister Dogen

Innere Barrieren überwinden

Meiner eigenen leidvollen Erfahrung nach können Streit, Wut und in letzter Folge auch Hass die schlimmsten und hartnäckigsten Fesseln sein, unter denen wir Menschen zu leiden haben.

Nicht nur derjenige leidet, den unsere ungezügelte Wut trifft, sondern auch wir selbst leiden darunter, wenn auch vielleicht subtiler.

Unser eigener Hass und unser Zorn können uns so stark an die Person, der diese Gefühle gelten, binden, dass uns jeglicher Freiraum für die Liebe abhandenkommt. Unsere gesamte Energie klebt geradezu am Objekt unseres Ärgers.

Das Gleiche gilt für Verletzungen, die andere uns zugefügt haben. Die Sehnsucht nach Vergeltung kann so groß werden, dass wir uns darin verstricken und nicht mehr frei für neue, heilsamere Erfahrungen jenseits dieses Geschehens sind.

Für den Buddha – wie auch für alle seine Vorgänger und Nachfolger – bedeutete der Weg des Hasses eine schmerzhafte Sackgasse, an deren Ende nicht Befreiung, sondern großer Schmerz für alle Beteiligten steht.

Einzig und allein Liebe und Mitgefühl – einhergehend mit tiefer Erkenntnis – haben seiner Ansicht nach die Kraft, uns zum Umkehren zu bewegen.

»Deine Aufgabe ist nicht, nach Liebe zu suchen, sondern nach den inneren Barrieren, die du gegen die Liebe errichtet hast.« Rumi

Unsere inneren Barrieren, die wir gegen die Liebe und gegen ein Leben in Freiheit, Würde und Respekt uns selbst und anderen gegenüber errichtet haben, können wir ins Wanken bringen. Wir müssen nur über unseren eigenen Schatten springen und vor allem lernen zu vergeben.

Bodhicitta, der uns innewohnende Herzgeist, kann nur dann wieder zum Strahlen und Leuchten gebracht werden, wenn wir uns dafür entscheiden, zunächst uns selbst und schließlich auch denjenigen zu verzeihen, die uns – in welcher Form auch immer – Schaden zugefügt haben.

Aber auch das *Bitten* um Verzeihung kann uralte Fesseln und Barrieren niederreißen. Als soziale Wesen, die in viele unterschiedliche gesellschaftliche Strukturen eingebettet sind, erfahren wir nicht nur emotionale und mitunter leider auch körperliche Verletzungen und Wunden, sondern wir verletzen auch, bewusst oder unbewusst, andere. Gegenseitige Vergebung, soweit es uns in der jeweiligen Situation möglich ist, birgt eine enorme Sprengkraft, die Verkrustungen in unserem Herz auflösen kann.

Und nicht nur das! Wenn wir bereit sind zu verzeihen, beginnen sowohl unser Körper als auch der Geist zu heilen: Wir können wieder tiefer durchatmen und besser schlafen. Verspannungen lassen nach, und das unheilsame Gedankenkarussell kommt schließlich zum Stehen.

Das Erwachen des Herzens

Übung: Vergebungsmeditation

Nehmen Sie sich für diese Meditation genügend Zeit! Wahre Vergebung ist ein Prozess des Herzens, der nicht künstlich beschleunigt werden kann. Spüren Sie ganz genau hin, was die Sätze in Ihnen auslösen, und unterdrücken Sie Ihre Gefühle nicht, vor allem wenn sie negativ sind. Gehen Sie sehr behutsam mit sich um.

✳ Ziehen Sie sich mit diesem Buch für 10 bis 15 Minuten an einen ruhigen Ort zurück. Nehmen Sie eine Haltung ein, in der Sie sich wohl- und sicher fühlen und Ihren Körper entspannen können.

✳ Schließen Sie die Augen und beobachten Sie einige Atemzüge lang Ihren Atem, bis Sie das Gefühl haben, dass Ruhe in Ihrem

Geist eingekehrt ist. Richten Sie dann den Blick auf die folgenden Worte und lesen Sie sie laut vor:

»Auf welche Weise auch immer ich mich in der Vergangenheit selbst verletzt habe, bewusst oder unbewusst, in Gedanken, Worten oder Taten, aus Verzweiflung, Unwissenheit, Angst oder Wut heraus: Ich vergebe mir, soweit es mir im Moment möglich ist.«

✳ Lassen Sie die Worte tief auf sich wirken und lesen Sie sie gegebenenfalls mehrmals hintereinander. Beobachten Sie, welche Gefühle aus Ihrem Inneren aufsteigen. Vielleicht gerät Ihr Körper in Aufruhr oder Sie beginnen zu weinen. Lassen Sie all dies geschehen.

✳ Legen Sie das Buch kurz beiseite, schließen Sie die Augen und spüren Sie tief in sich hinein. Stellen Sie sich vor, wie Sie sich selbst sanft die Hand halten und sich aus gütigen und verzeihenden Augen anblicken.

Sich selbst zu verletzen ist so unglaublich schmerzhaft! Oft geschieht dies aus alten, anerzogenen Mechanismen heraus, derer wir uns nicht wirklich bewusst sind. Wir beschimpfen uns zum Beispiel selbst als dumm oder als hässlich. Unsere Selbstverletzungen können bis zum Selbsthass führen – damit ist der Weg frei, um andere zu verletzen und zu verurteilen.

✳ Wenden Sie sich nun dem zweiten Schritt zu, indem Sie folgende Worte wieder laut vorlesen:

»Auf welche Weise auch immer ich andere Wesen – egal ob Mensch oder Tier – in der Vergangenheit verletzt habe, bewusst oder unbewusst, in Gedanken, Worten oder Taten, aus Verzweiflung, Unwissenheit, Angst oder Wut heraus: Ich bitte sie um Vergebung, soweit es ihnen im Moment möglich ist.«

✳ Lesen Sie auch dies, wenn nötig, mehrmals hintereinander und legen Sie dann das Buch wieder beiseite. Schließen Sie die Augen und vergegenwärtigen Sie sich die Tatsache, dass auch Sie im Laufe Ihres Lebens andere Lebewesen verletzt haben – manchmal unbewusst oder unüberlegt, manchmal vielleicht sogar sehr gezielt.

Vielleicht schwelt noch Wut über eine erfahrene Ungerechtigkeit in Ihrem Herzen und Sie finden immer noch, dass Sie damals gut daran getan haben, Rache zu üben. Lassen Sie den Menschen, denen Sie wehgetan haben, Zeit, ihre Wunden zu pflegen, und gestehen Sie ihnen das Recht zu, in ihrer eigenen Geschwindigkeit wieder auf Sie zuzukommen. Warten Sie mit offenem Herzen auf diejenigen, denen Sie Schaden oder Verletzungen zugefügt haben.
Die Bitte um Vergebung ist ein sehr befreiender Akt der Liebe; sie weitet unser Herz, sodass es wieder weich und aufnahmefähig werden kann.

Genauso verhält es sich nun mit dem dritten und letzten Teil der Meditation. Anderen Wesen für den Schmerz, den sie uns zugefügt haben, zu vergeben, befreit unser Herz von seinen Verhärtungen, sodass es wieder frei und ungehindert lieben kann.

✳ Lesen Sie nun auch im dritten Schritt die Worte laut vor, damit sie ihre Wirkungskraft optimal entfalten können:

»Auf welche Weise auch immer mich andere in der Vergangenheit verletzt haben, bewusst oder unbewusst, in Gedanken, Worten oder Taten, aus Verzweiflung, Unwissenheit, Angst oder Wut heraus: Ich vergebe ihnen, soweit es mir im Moment möglich ist.«

Gerade dieser letzte Absatz hat es in sich, denn anderen ihre Taten oder Worte zu vergeben ist oft sehr schwer. Besonders dann, wenn wir Gewalt oder Missbrauch erfahren haben. Ich appelliere noch mal an Ihr Herz, sehr behutsam mit sich umzugehen, falls Sie in Ihrer Kindheit schwere Verletzungen erleiden mussten. Suchen Sie sich auf jeden Fall professionelle Hilfe, um diese wunden Punkte zu berühren, damit sie letztendlich

heilen können. Vergebung kann nur stattfinden, wenn Sie zuvor allen Gefühlen Raum geben konnten. Es ist vollkommen in Ordnung, wenn Sie es über einen langen Zeitraum hinweg nicht schaffen, einem Peiniger zu verzeihen.

✳ Praktizieren Sie die Vergebungsmeditation möglichst konsequent, also regelmäßig, denn erst dann kann sie meiner Erfahrung nach ihre befreiende Kraft vollständig und langfristig entfalten.

Lebenslang üben

Im Laufe meiner Praxis habe ich persönlich immer wieder mit Rückfällen kämpfen müssen – und kämpfe auch heute noch mitunter.
Beispielsweise konnte ich während der einen Sitzung Lars reinen Herzens vergeben und ihn selbst auch um Vergebung bitten (bekannterweise tragen immer beide Beteiligten ihr Scherflein zum Scheitern einer Beziehung bei); beim nächsten Mal jedoch schaffte ich es überhaupt nicht, Vergebung walten zu lassen. Im Gegenteil, ich verstrickte mich erneut in meine alten Verletzungen und sann während der ganzen Meditationszeit über Rache nach.

Nicht umsonst wird in allen drei Abschnitten auch explizit auf die Gedanken eingegangen: Wir können andere verletzen, selbst wenn wir es nie offen aussprechen. Dies geschieht zwar viel subtiler, trotzdem haben Gedanken eine enorme energetische Kraft. Zudem muss ich auch heute immer wieder mal erschrocken feststellen, letzungen als nicht so wichtig erachten und deswegen schlichtweg nicht ernst nehmen. Oftmals haben wir es nicht gelernt, uns selbst wertzuschätzen, sondern übernehmen ungefiltert Beschimpfungen und Herabsetzungen aus der Kindheit und verinnerlichen sie so sehr, dass wir uns dessen nicht mehr bewusst sind.

»Alles verstehen heißt alles verzeihen.«
Buddha

dass es mir manchmal sogar Vergnügen bereitet, anderen Menschen wehzutun, und zwar immer dann, wenn ich felsenfest davon überzeugt bin, im Recht zu sein.

Das Gefühl der Befreiung, das sich durch Rechthaberei, Hochmut oder durch banale Rache einstellt, kann sich sehr gut anfühlen, aber es ist trügerisch, denn die vermeintliche Befreiung findet auf Kosten anderer statt, die durch unsere Worte oder durch unser Handeln leiden müssen.

Und auch das Sich-selbst-Verzeihen will gelernt sein, denn allzu leichtfertig gehen wir über unsere Selbstverletzungen hinweg, weil wir es gewohnt sind, uns fertigzumachen und schlecht zu behandeln, oder weil wir diese Ver-

Betrachten Sie diese Meditation also als lebenslange Übung, die Sie immer wieder dazu herausfordert, ehrlich mit sich selbst umzugehen und genau hinzuschauen.

Übung: Die Kühlschrankliste

Wenn wir nach und nach lernen, uns selbst und anderen zu vergeben, erfahren wir eine Befreiung der ganz besonderen Art: Unser Herz verspürt immer mehr den Drang zu geben. Doch bevor wir uns der buddhistischen Praxis des Gebens, *dana* genannt, widmen, möchte ich Sie zu einer weiteren kleinen Liste ermuntern.

Wir alle kennen Menschen, zu denen wir aufsehen, die uns sogar als Vorbild dienen. Wir bewundern diese Menschen aus den unterschiedlichsten persönlichen Gründen. Manchmal sind es Künstler, Sänger oder Schauspieler, die wir toll finden, oder wir bewundern die Arbeit von Friedensaktivisten, Leistungssportlern und Politikern. Manche möchten in die Fußstapfen ihrer Eltern oder Lehrer treten – manche lieber nicht!

Großzügige und liebevolle Menschen

Für diese kleine Liste brauchen Sie ein extra Blatt Papier, denn sie soll an Ihrem Kühlschrank oder andernorts in täglicher Sichtweite platziert werden.

✳ Listen Sie die Namen Ihrer persönlichen Vorbilder auf. Wenn Sie möchten, überschreiben Sie die Liste mit den Worten »Großzügige und liebevolle Menschen«.

✳ Wichtig ist, dass Sie sich die warmherzigen und gütigen Eigenschaften dieser Menschen immer wieder ins Gedächtnis rufen, also hängen Sie Ihre Liste dort auf, wo Sie sie mindestens einmal am Tag zu Gesicht bekommen.

Ich selbst habe eine Liste von zehn Menschen angelegt, die ich für ihr großes und freundliches Herz bewundere und die mich stets daran erinnern, wie erstrebenswert es ist, ihnen nachzueifern. Als Anregung schenke ich Ihnen meine Top Ten der nettesten Menschen, die ich kenne. Es steht Ihnen frei, den einen oder anderen auf Ihre eigene Liste zu übernehmen. Wenn ich meine Liste betrachte, geht mir jedes Mal aufs Neue das Herz auf. Auf ihr stehen Menschen, die ich bewundere und bei denen ich mich vorbehaltlos aufgehoben fühle – beziehungsweise mit Sicherheit fühlen würde, hätte ich die Möglichkeit, sie persönlich kennenzulernen.

Susannes Top Ten

1. DALAI LAMA
2. NELSON MANDELA
3. MEINE FREUNDIN PILLE
4. OMA
5. MEIN FREUND JAN
6. MEINE SCHWESTER RENEE
7. KIRA KAY
8. MAMA
9. MEINE FREUNDE DENNIS UND MANU
10. AMMA

Dana – von der Freude am Geben

Was die Menschen auf meiner persönlichen Liste ausmacht, ist ihr ausgeprägter Hang zum Geben – und dies auf ganz unterschiedliche Weise.

Meine persönlichen Vorbilder

Meine Freundin Pille schenkt beispielsweise jedem ihrer vielen Freunde und Freundinnen stets ein offenes Ohr. Sie ist Meisterin im Zuhören und im Vertrauen-Schenken. Bei ihr fühlt man sich immer gut aufgehoben.

Meine Mutter arbeitet – genau wie die Meditationslehrerin Kira Kay – schon seit Jahren still und leise in vielen Bereichen als ehrenamtliche Helferin. Einmal ging es konkret darum, eine größere Summe für die Kinder in unserem Waisenhaus aufzubringen, und wir konnten wochenlang keinen Sponsor finden. Da zögerte sie keine Sekunde lang und plünderte ihr Sparbuch für uns. Sie ist mein großes Vorbild in Sachen Großzügigkeit und selbstloses Geben.

Meine Freunde Jan, Dennis und Manu vereint die große Gabe des freundlichen Umgangs mit Menschen – vor allem aber mit Frauen. Sie sind wirkliche Freunde und zudem vollendete Kavaliere, ohne aufgesetzt zu wirken. In der Gegenwart dieser drei so unterschiedlichen Männer können Frauenherzen heilen.

Über das liebevolle und umsorgende Herz einer Großmutter muss ich Ihnen sicher nichts erzählen.

Und dass man Schwestern auch außerhalb der eigenen Verwandtschaft finden kann, beweist Renee, meine junge australische Schwester im Geiste. Renees Gespür für die seelischen Schmerzen anderer beeindruckt mich jedes Mal aufs Neue.

Spirituelle Größen wie der Dalai Lama oder die indische Meisterin Amma oder politische Vorbilder wie Nelson Mandela, die trotz schlimmer persönlicher oder politischer Widrigkeiten im Leben stets mitfühlend und gütig geblieben sind, sind meines Erachtens wahre Geschenke für die gesamte Menschheit.

Für mich ist es eine Freude, mich an solchen Menschen zu orientieren. Sie sind, genau wie wir alle, vom Leben nicht verschont geblieben, haben aber ihre Fesseln in Flügel verwandelt.

Übung: Dana im Alltag

In der buddhistischen Welt kennt man die Dana-Praxis oft in Hinblick auf den jeweiligen Lehrer, in dessen Obhut man sich vertrauensvoll begeben hat. In vielen Fällen erteilen Meditationslehrer, Mönche und Nonnen, Lamas und Meister ihre Anweisungen gegen eine freiwillige Spende; sie verlangen kein Honorar. So wird sichergestellt, dass auch Menschen mit geringem oder gar keinem Einkommen die Lehren des Buddha kennenlernen.
Wir, die Schüler, geben das, was wir geben können, und prüfen gleichzeitig, was uns das Gelehrte »wert« ist. Auf diese Weise kommen wir auch mit dem uns innewohnenden Geiz und mit der Habgier in Kontakt. Das Praktizieren von Dana fordert uns also auf, uns ehrlich unseren unangenehmen Gewohnheiten zu stellen.
In den Alltag übertragen können wir Dana immer und überall üben.

✻ Versuchen Sie in den kommenden Tagen, sich in Großzügigkeit regelrecht zu trainieren, und halten Sie gezielt nach passenden Gelegenheiten Ausschau.

✻ Beobachten Sie dabei auch immer das zarte innere Zögern, wenn Sie zum Beispiel einem Bettler eine Münze aushändigen.

Oft ist da eine kleinliche innere Stimme, die uns daran hindern will, großzügig zu sein, weil tief in uns die Angst sitzt, selbst nicht genug zu bekommen. Mit vollen Händen zu geben und zu teilen ist ein Akt der Nächstenliebe, der uns innere Zufriedenheit schenkt und uns von Ichbezogenheit befreit.

✻ Stellen Sie eine Liste von Projekten an Ihrem Wohnort zusammen, an denen Sie teilhaben können, um Dana zu kultivieren. Notieren Sie sich aber auch ganz schlichte Dinge wie »Öfter lächeln!«.

»Wir, die wir im Konzentrationslager gelebt haben, erinnern uns an jene, die herumgingen, um andere zu trösten, und die ihr letztes Stück Brot hergaben. Das waren vielleicht nicht so viele, aber es ist ein Beweis dafür, dass man einem Menschen alles wegnehmen kann außer einer Sache: die Freiheit, die eigene Einstellung zu jeder Situation selbst zu wählen.« Viktor Frankl

MEINE DANA-LISTE

ÖFTER MAL ETWAS GEBEN – PROJEKTE ALLER ART:

....

....

....

....

....

....

....

....

✳ Es ist keinesfalls nötig, die Liste gleich auf Anhieb komplett zu füllen. Wann immer Ihnen eine neue Form oder Gelegenheit einfällt, Dana zu praktizieren, schreiben Sie es hier als Gedächtnisstütze nieder.

> »Ein guter Mensch ist ein Stern für jene,
> die das Licht nicht finden.«
>
> *Phil Bosmans*

»Ganz ruhig, Jonas!«

Es herrschte viel Trubel an diesem Tag in der Spielzeugabteilung des großen Kaufhauses direkt am Rathausplatz. Kinder tobten ausgelassen in der Spielecke, und ein genervtes Elternpaar versuchte verzweifelt, ihre kleinen Racker, die zwischen den Regalen Fangen spielten, irgendwie in Schach zu halten. Etwas abseits, in der Ecke mit den Kinderbüchern, stand ein junger Vater, der seinen schreienden Säugling im Arm hielt. Eine ältere Dame zwängte sich an den beiden vorbei, um zu dem Regal mit den Bilderbüchern zu gelangen.

»Ganz ruhig, Jonas«, hörte sie den Mann beschwichtigend sagen, »ganz ruhig!« Er wiegte sein Kind, das mittlerweile einen hochroten Kopf bekommen hatte, sachte in den Armen.

Doch der Kleine ließ sich von den Worten des Vaters nicht beruhigen, er schrie und schrie.

»Ganz ruhig, Jonas, mein Junge, ganz ruhig«, hörte die Frau den jungen Mann wieder leise sagen. »Alles wird gut!«

»Entschuldigen Sie, was hat denn Ihr kleiner Jonas?«, fragte sie freundlich und schaute besorgt in das Gesicht des kleinen Jungen. »Ich weiß es nicht, irgendetwas muss ihm schrecklich wehtun«, erwiderte der junge Mann. »Aber das ist übrigens nicht Jonas, das ist Paul, mein Sohn. Ich bin Jonas!«

Die schützende Haltung eines Vaters oder einer Mutter dem eigenen Kind gegenüber ist geprägt von einer instinktiven, natürlichen Form des Dana, und trotzdem können uns unsere Kinder oft an den Rand des Wahnsinns bringen.

Das Beispiel von Jonas, Pauls Vater, zeigt, dass wir selbst in belastenden und stressigen Situationen versuchen können, unser Herz vor dem Engwerden zu bewahren, indem wir uns unserer eigenen inneren Not zuwenden, ohne dabei aber die Not des anderen außer Acht zu lassen. Wir schotten uns nicht ab, sondern bleiben in Kontakt mit uns und mit der Welt um uns herum.

Die vier himmlischen Verweilzustände

Liebende Güte *(Metta),* Mitgefühl *(Karuna),* Mitfreude *(Mudita)* und Gelassenheit *(Upeksha)* – das sind die vier himmlischen Verweilzustände, die *Brahmaviharas:* Sie gelten im Buddhismus als direkte Tore zur Befreiung von Leid und inneren Fesseln.

Mit anderen mitschwingen

Die Liebe hat viele Facetten. Sie alle nach und nach zu entdecken, um sie dann zum Strahlen zu bringen, ist eine wunderschöne Lebensaufgabe und ein Garant für die Sprengung einengender Fesseln und Blockaden. Dankbarkeit, Mitgefühl, Nächstenliebe und Freude sind einige dieser Facetten. Was sie verbindet, ist der Kontakt. Wahre Liebe kann nur im Kontakt entstehen, innen wie außen. Wer liebt, geht in Resonanz. Wer liebt, schwingt mit. Wer liebt, ist in Kontakt mit seinem Herzen und mit dem großen Herzen, das die ganze Welt umfasst. Wer liebt, ist niemals wirklich allein.

Wenn wir den Weg der Liebe gehen, egal wie dieser für jeden persönlich aussehen mag, bewegen wir uns stetig in eine Richtung, in der Fesseln und Verstrickungen keinen Platz mehr haben. Wir werden frei.

Die nächsten zwei Übungen haben wieder etwas Spielerisches an sich, doch genau das ist ja auch das Schöne an der Liebe: Sie ist ungezwungen und kreativ, wenn sie frei fließen darf. Die erste Übung ist eine Partnerübung, aber Sie brauchen dafür nicht Ihren Lebenspartner oder die Ehefrau, sondern einen guten Freund beziehungsweise die beste Freundin. Die Übung stammt ursprünglich von einem amerikanischen Meditationslehrer, aber sie ist in buddhistischen Kreisen schon so lange im Umlauf, dass ich die genaue Quelle nicht mehr recherchieren konnte.

Sie nährt unter anderem Mudita, die Mitfreude, und hilft uns, auf freundliche Weise über den Tellerrand zu blicken und somit den Fokus von uns selbst weg auf andere zu richten. Das hat eine unglaublich befreiende Wirkung und setzt mitunter sogar prickelnde Glücksgefühle frei.

Übung: The Best Buddy Weekly Mail

Für diese Übung brauchen Sie einen »best buddy«, also einen guten oder besten Kumpel, und das Internet. Machen Sie mit dem Freund oder der Freundin einen festen Tag aus, an dem Sie sich gegenseitig Ihre »weekly mails«, sprich die »wöchentlichen Nachrichten« zusenden.
Die Übung fördert den Blick auf das Schöne und Liebevolle in Ihrem Alltag, wobei es nicht nur um die großen Dinge wie eine Gehaltserhöhung oder die große Liebe geht, sondern vor allem auch um das kleine, zarte Glück, das im Verborgenen darauf wartet, von Ihnen entdeckt zu werden. Der wöchentliche Austausch lässt uns zudem an der Freude des anderen teilhaben – Mitfreude, Mudita, entsteht.

✳ Sammeln Sie von nun an während der Woche all das Wunderbare, das Ihnen widerfährt, und achten Sie dabei besonders auf die Zwischentöne des Lebens. Sammeln Sie Begebenheiten, die Ihr Herz zum Schwingen bringen: das Lächeln Ihres Kindes, die Umarmung eines Menschen, den Sie lieben und von dem Sie sich geliebt fühlen, die Umarmung eines Fremden, das Lied der Amsel am Morgen, der Sonnenuntergang am Abend, der freundliche Herr am Bankschalter oder Ihre Freude über eine gelungene Arbeit.

✳ Schicken Sie Ihre Erfahrungen und Beobachtungen zum ausgemachten Zeitpunkt an Ihren »best buddy«, der seinerseits seine Wochenerlebnisse mit Ihnen teilt.

✳ Wenn Sie möchten, dann können Sie beide sich über das Erlebte austauschen, aber im Grunde sollten diese freudigen Momente vom jeweils anderen still und ohne Kommentar aufgenommen und im Herzen getragen werden – ein leises Band der Liebe, das Sie beide miteinander verbindet.

tatsächlich im Hier und Jetzt sofort freuen könnten. Unsere letzte Übung, die »weekly mail« an den besten Freund oder die beste Freundin, hat Ihren Blick vielleicht schon für die kleinen Kostbarkeiten, die Ihr Herz stärken können, geschärft.

Es liegt nicht in unserer Hand, dass sich alle Wünsche, die wir hegen, auch erfüllen. Wir können zwar spielerisch und ohne Druck danach streben und uns auch von so manch alter Fessel befreien, damit Neues in unser Leben treten kann, aber letztendlich wissen wir nicht, ob es uns auch tatsächlich gelingen wird.

Um auf unserer Suche nach dem Glück, nach dem Ende von Leid und Schmerz nicht zu verhärten, ist es ratsam, sich täglich aufs Neue den Schönheiten des Augenblicks zu öffnen und zu lernen, nicht nur mit den Augen, sondern auch mit dem Herzen zu schauen.

Man sieht nur mit dem Herzen gut

Wie oft gehen Sie mit wachen und neugierigen Augen durchs Leben? Nicht selten beschäftigen uns Gedanken und Sorgen, aber auch Zukunftsträume und Wünsche. Wie wir bereits erfahren und gelernt haben, bewegen wir uns meist durch unsere inneren Welten, ohne der äußeren Welt gebührend Beachtung zu schenken; wir suchen die Freude in unseren Träumereien und Fantasien.

Dabei verpassen wir die kleinen Geschenke des Lebens, über die wir uns

»Manchmal ist es so, als ob das Leben einen seiner Tage herausgriffe und sagte: Dir will ich alles schenken! Du sollst solch ein rosenroter Tag werden, der im Gedächtnis leuchtet, wenn alle anderen vergessen sind.« Astrid Lindgren

Übung: Herzen sammeln

Es gab Zeiten in meinem Leben, in denen ich regelrecht verzweifelte. Ich fühlte mich vollkommen in mir selbst gefangen, und so sehr ich auch danach suchte, ich fand den Schlüssel nach draußen nicht. Meine inneren und äußeren Fesseln engten mich so sehr ein, dass mir war, als wäre ich vom Rest der Welt abgeschnitten. Das Einzige, was mir damals ein bisschen Linderung verschaffte, waren lange Spaziergänge in der Natur. Im Nachhinein weiß ich, dass solch eine Stagnation im inneren Wachstumsprozess manchmal nötig ist, um neue Kräfte für den nächsten Schritt zu sammeln.

Seien Sie also geduldig mit sich selbst, auch wenn Sie das Gefühl haben, elendig festzusitzen. Tun Sie sich etwas Gutes, soweit es Ihnen im Moment möglich ist. Ihr Herz wird Ihnen sehr klar signalisieren, wann es an der Zeit ist weiterzugehen.

Eines Tages entdeckte ich auf einem dieser Spaziergänge ein Blatt auf dem Weg, in das irgendein Tier, vermutlich eine Raupe, ein perfektes Miniherz gebissen hatte. Ich war entzückt und nahm es mit nach Hause. Von dem Zeitpunkt an begann ich vermehrt nach »natürlichen« Herzen Ausschau zu halten. Ich entdeckte sie überall: Steine in Herzform, achtlos weggeworfene Taschentücher, die in Herzform auf dem Asphalt landeten, Herzregentropfen, die sich sofort wieder auflösten, und Milchschaumherzen auf meinem Cappuccino.

Mittlerweile ist die Suche nach neuen Herzen zu einer freudigen Obsession geworden, und ich betrachte diese Fundstücke des Augenblicks als freundliche Begleiter meines Lebens, die mich darauf hinweisen, dass Herzen eben überall zu finden sind.

✳ Werden Sie für diese Übung nun auch zum Herzenssammler und gehen Sie auf die Jagd! Freuen Sie sich mit der Natur an ihrer Formenfantasie!

✳ Nehmen Sie sich an Tagen, an denen Sie sich nicht so gut fühlen, ein Blätterherz oder einen kleinen Herzkieselstein mit nach Hause, um sich daran zu erinnern, dass wir alle hier auf Erden sind, um einander zu erfreuen und unsere Herzen füreinander zu öffnen!

» Liebevolle Freundlichkeit wohnt jedem inne. Um den Samen der Liebe in uns zum Blühen zu bringen, bedarf es zunächst einer großen Akzeptanz der eigenen Unzulänglichkeiten und Hürden. Nur durch bedingungslose Selbstliebe ist es möglich, alte Fesseln zu unserem Wohle und zum Wohle aller für immer abzustreifen.

» Liebe heißt, in Resonanz zu gehen mit der Welt, mit allem, was jetzt gerade geschieht, und mit der eigenen inneren Lebendigkeit.

» Der Weg der Liebe ist der direkte Weg in Ihr Herz; seine Früchte kommen der ganzen Welt, dem »großen Herzen«, zugute. Behandeln Sie Ihr Herz, als sei es der größte Schatz auf Erden – behutsam und zärtlich!

» Verurteilen Sie sich nicht für Ihre Fesseln und lassen Sie sich für Ihren inneren Prozess alle Zeit der Welt. Loslassen ist eine lebenslange Übung und bedarf Ihres Mitgefühls, der Hingabe und Empathie.

» Wägen Sie liebevoll gemeinte Ratschläge sorgfältig ab, aber lassen Sie sich nie unter Druck setzen. Ist die Zeit reif für die Befreiung Ihres Herzens, dann fügt sich alles von allein. Ihr Herz kennt den Weg!

QUINTESSENZ

»Wir sollten uns auf die Dinge konzentrieren, die uns verbinden, nicht auf die trennenden.«

Dalai Lama

Der Weg der
Entspannung

»Lass die Dinge kommen
und im Herzen weilen.
Lass das Herz sich wenden und
in den Dingen verweilen.«

Zenmeister Dogen

Wie entspannt war eigentlich der Buddha? Nun, die Frage erübrigt sich vermutlich, denn schließlich war der Buddha ja erleuchtet. Wir setzen den Zustand der Erleuchtung sicher nicht mit Anspannung und Stress in Verbindung, und viele Abbildungen und Statuen des Erwachten bezeugen dies auch eindeutig: Der Buddha war – und ist bis heute – der Inbegriff von innerer Ruhe und Gelassenheit.

Dennoch gibt es ein historisches Beweismittel, das bezeugt, dass sich der Buddha auch nach seiner Erleuchtungserfahrung nicht auf den Lorbeeren ausruhte, sondern sich weiterhin in Meditation übte. Noch heute kann man in Bodhgaya, dem Ort seiner Erleuchtung, in unmittelbarer Nähe des Mahabodhi-Tempels auf einem ausgewiesenen Pfad wandeln, auf dem der Buddha nach dem Erwachen der Überlieferung zufolge weiterhin Gehmeditation praktizierte. Aber warum? Der Buddha hatte sich zwar in der berühmten Nacht unter dem Bodhibaum – man spricht auch von sieben Tagen oder gar sieben Wochen – von seinen inneren Fesseln befreit, aber er bewegte sich nach wie vor als ganz normaler Mensch inmitten dieser Welt. Somit war auch er weiterhin mit stressigen Situationen konfrontiert, denen er achtsam und besonnen begegnen musste, um sich nicht erneut von ihnen »einwickeln« zu lassen. Seine vier edlen Wahrheiten und der achtfache Pfad waren nicht nur Hilfsmittel für seine Schüler und Schülerinnen, auch er selbst bediente sich ihrer, um weiter befreit und in Frieden zu leben.

Wir kennen heute darüber hinaus viele bewährte Körperübungen wie Yoga, Taiji oder Qigong, die Geist und Körper entspannen, auf die hier einzugehen aber der Platz nicht reicht.

Schritt für Schritt ...

Der Weg der Weisheit und der Weg der Befreiung haben uns aufgezeigt, dass es im Grunde der untrainierte Geist ist, der uns fesselt und einengt. Ein verkrampfter und verhärteter Geist bewirkt, dass sich unser Herz zusammenzieht und dass dadurch auch unser Körper an vielen Stellen zu schmerzen beginnt. In der Folge leiden wir vielleicht an Depressionen und Ängsten oder an Verspannungen, Migräne und anderen körperlichen Beschwerden.

Der buddhistische Weg der Entspannung ist also vorrangig darauf ausgerichtet, unseren Geist zu entspannen, denn nur dann kann auch die Liebe, die Kehrseite von Angst und Schmerz, wieder frei fließen.

Entspannt gehen

Meine erste Berührung mit der Gehmeditation hatte ich vor mehr als zehn Jahren in Plum Village, dem Kloster des vietnamesischen Zenmeisters Thich Nhat Hanh, in Südfrankreich. Als ich die Mönche und Nonnen dort zum ersten Mal langsam und in sich gekehrt gehen sah, bekam ich fast einen Lachkrampf. Ich empfand diese Art zu meditieren als sehr eigenartig, und das Ganze wirkte auf mich eher steif und künstlich. Und tatsächlich verkrampften sich meine Muskeln zu Anfang meiner Praxis mehr, als dass sie weich und locker wurden. Vor allem Schultern und Nacken taten mir nach jeder 30-minütigen Gehperiode höllisch weh.

Doch eines Tages war es mir vergönnt, direkt neben dem Meister selbst, also neben Thich Nhat Hanh, zu gehen, und plötzlich ging alles im wahrsten Sinnes des Wortes wie von selbst. Thây, wie ihn seine Schüler nennen, ging so ruhig, so achtsam, so fokussiert und mit solch einer Freude, dass ich gar nicht anders konnte, als mich seiner Gehweise anzupassen. Er schwebte förmlich, und ich konnte spüren, wie entspannend, erdend und nährend diese Meditationsform ist. Von da an war ich von der Gehmeditation begeistert und bin es noch heute.

Übung: Die Gehmeditation

Es gibt viele Arten, Gehmeditation zu praktizieren. So können Sie zum Beispiel bei jedem Schritt im Stillen kraftvolle, heilende Worte sprechen, die Ihnen helfen, sich auf dieser Erde wieder zu Hause und angenommen, sprich geerdet zu fühlen. »Zu Hause« und »angekommen« ist so ein Wortpaar, das Sie beispielsweise im Wechsel bei jedem Schritt innerlich zu sich selbst sagen können.

und Ausatmen jeweils drei Schritte gehen. Ich selbst komme mit dieser Form des Gehens nicht so gut zurecht, weil mich das gleichzeitige Zählen von Atemzügen und Schritten immer durcheinanderbringt. Aber einen Versuch ist es allemal wert.

Die nun folgende Gehmeditation legt ihr Hauptaugenmerk auf die Körperempfindungen beim Gehen, also auf das Fühlen und Spüren, eine Praxis, die uns meines Erachtens besonders hilft, einen angespannten und aufgebrachten Geist zu beruhigen.

»Gehe, als würdest du mit deinen Füßen die Erde küssen.«
Thich Nhat Hanh

In der Tradition von Thich Nhat Hanh spielen die Vorfahren eine große Rolle, also wird dort die Gehmeditation zuweilen mit den Worten »Mutter« und »Vater«, auf den Schrittwechsel abgestimmt, geübt, um die Verbindung zu Mutter Erde und den Ahnen wertzuschätzen und zu stabilisieren. Geübte Meditierer koordinieren ihre Gehmeditation mit dem Atem, indem sie zum Beispiel drei Atemzüge pro Schritt zählen oder beim Einatmen

✳ Wählen Sie für Ihre Gehmeditation einen »Pfad«, der etwa 15 Schritte lang ist. Das kann draußen in der Natur, aber auch eine geeignete freie Strecke im Haus sein.

✳ Stellen Sie sich aufrecht und so entspannt wie möglich hin. Gehen Sie zunächst mit der Aufmerksamkeit zur Bauchdecke und beobachten Sie ein paar Atemzüge lang die Bewegung beim Atmen.

✳ Richten Sie dann den Fokus auf die Fußsohlen; spüren Sie genau hin, wie sich das Berühren des Bodens beziehungsweise der Erde anfühlt.

✳ Bleiben Sie mit der Aufmerksamkeit bei Ihren Füßen, wenn Sie jetzt den ersten Schritt tun. Benennen Sie dabei die Bewegungsabläufe des Gehens mit den Worten »heben« beim Heben des Fußes, weiter mit »führen«, während der Fuß über der Erde schwebt, und mit »senken«, wenn Sie den Fuß zurück auf den Boden setzen. Sprechen Sie diese Worte im Stillen und achten Sie darauf, dass Sie die Empfindungen, die Sie während des achtsamen Gehens in den Füßen wahrnehmen, nicht mit den Worten überdecken, sonst wird die Gehmeditation mechanisch und Sie sind nicht in Kontakt mit dem, was gerade passiert.

✳ Um den Kontakt zu den Empfindungen in den Füßen und Beinen nicht zu verlieren – unser Geist ist sehr sprunghaft und möchte immer wieder vom eigentlichen Geschehen abschweifen –, ist es zudem hilfreich, sich immer wieder kleine Fragen zu stellen: Ist der Boden beim Aufsetzen des Fußes hart oder weich? Kann ich spüren, wie sich das Gewicht beim Gehen verlagert? Wie fühlt sich die Bewegung im gesamten Bein an?

✳ Verweilen Sie am Ende des Pfades für einige Atemzüge aufrecht und entspannt, und gehen Sie dann wieder zurück. Gehen Sie so lange auf und ab, wie Sie möchten. In der Regel startet man diese Übung mit 10 Minuten, um sie dann später auf 30 bis 45 Minuten auszudehnen. Aber auch hier gilt, sich nicht unter Druck zu setzen. Das vordergründige Ziel ist es, mithilfe des meditativen Gehens Körper und Geist zu entspannen.

✳ Wenn Sie möchten, dann beenden Sie Ihre Gehmeditation ganz klassisch, wie es in der Tradition des Zen üblich ist, indem Sie sich mit vor dem Brustkorb gefalteten Händen leicht verbeugen. So signalisieren Sie Dankbarkeit und Wertschätzung für den Weg, den Sie soeben gegangen sind.

Grenzenloser Gleichmut

Der Mann, der immer glücklich war

In einem kleinen Dorf, am Fuße des grünen Berges, lebte einst ein armer, alter Mann, der eine winzige Hütte am Rande des Ortes bewohnte. Tagein, tagaus ließ ein glückliches Lächeln sein vom Wetter zerfurchtes, zahnloses Gesicht von innen heraus erstrahlen, nie sah man ihn traurig oder verzweifelt. Die Kunde vom fröhlichen alten Mann hatte sich im Laufe der Jahre im ganzen Land herumgesprochen, und immer wieder klopften fremde Menschen an seine Türe, um nach dem Geheimnis seines Glücks zu fragen. Doch die Antwort war stets die gleiche:
»Wenn ich sitze, dann sitze ich. Wenn ich stehe, dann stehe ich. Wenn ich gehe, dann gehe ich. Wenn ich liege, dann liege ich. Wenn ich esse, dann esse ich.

Wenn ich trinke, dann trinke ich. Wenn ich liebe, dann liebe ich …«
Und so ging es in einem fort, der alte Mann zählte alles auf, was ihm einfiel, bis ihm die Menschen ins Wort fielen: »Aber das ist kein Geheimnis, weiser Mann! Das alles tun wir auch. Es muss noch etwas anderes geben, etwas ganz besonderes, das dich so glücklich und unbeschwert macht!«
Da hob der Alte lächelnd von Neuem an: »Wenn ich sitze, dann sitze ich. Wenn ich stehe, dann stehe ich. Wenn ich gehe, dann gehe ich …«
Oft wurden die Leute dann ungeduldig. Sie glaubten dem Greis nicht: »Wir tun das doch auch!«, riefen sie erneut.
Doch der alte Mann schüttelte den Kopf und sagte: »Wenn ihr sitzt, dann seid ihr bereits aufgestanden. Wenn ihr steht, dann geht ihr schon. Wenn ihr geht, dann seid ihr schon längst am Ziel.«

Es ist eines der Hauptphänomene unserer schnelllebigen Zeit, dass wir immer schon einen Sprung voraus sind. Viele von uns werden im Beruf angehalten, vorausschauend zu denken und zu handeln; wir müssen uns an Zeitvorgaben halten und fühlen uns getrieben und gestresst. Dazu kommen dann noch die täglichen Alltagserledigungen und der ganz normale Freizeitstress. Das berühmte Hier und Jetzt, das den alten Mann so glücklich macht, fühlt sich oft so an, als wäre es meilenweit von uns entfernt.

Die schönen Dinge des Lebens

»Die meisten Menschen wissen gar nicht, wie schön die Welt ist und wie viel Pracht in den kleinsten Dingen, in einer Blume, einem Stein, einer Baumrinde oder einem Birkenblatt sich offenbart.«
Rainer Maria Rilke

Die Gehmeditation, wie Sie sie gerade kennengelernt haben, ist im Grunde überall praktizierbar. Selbst auf dem Weg zur Arbeit oder auf einem Spaziergang in der Natur können Sie den Geist immer wieder auf Ihre Schritte lenken und ihm so helfen, sich zu fokussieren und sich in das, was gerade passiert, hineinzuentspannen. Eigenartigerweise wird durch dieses gezielte »Verengen« des Geistes – er muss sich ja auf einen bestimmten Punkt, auf ein bestimmtes Tun ausrichten und konzentrieren – im Laufe der Zeit sein Horizont immer weiter. Sie werden nach einer gewissen Zeit der Praxis bemerken, dass Ihnen zum Beispiel beim Spazierengehen viel mehr Details auffallen. Alles wirkt klarer umrissen, und der Raum um Sie herum beginnt, sich zu weiten und auszudehnen. Der Geist ist nicht mehr nur mit sich selbst beschäftigt, sondern kann alles rundum verstärkt wahrnehmen. Sie sind wieder in direktem Kontakt mit den Schönheiten dieser Welt.

Jede Form von Meditation trainiert unseren Geist; wir bringen ihm so behutsam bei, nicht mehr permanent um sich selbst zu kreisen, sodass er endlich zur Ruhe kommen kann. Ein entspannter, ruhiger und gelassener Geist ist in der Lage, tiefe Erkenntnis und Weisheit jenseits der alltäglichen Dinge zu gewinnen. Aus dieser Weisheit heraus sind wir dann in der Lage, uns spontan von unseren Fesseln zu befreien und ein erfülltes und glückliches Leben zu leben.

It's okay!

Auf einem meiner ersten Meditationskurse, an denen ich teilnahm, ging es mir zunächst sehr schlecht. Der Kurs war auf vier Wochen ausgelegt und fand im kalifornischen Meditationszentrum Spirit Rock statt. Alle Anweisungen und Vorträge der Lehrer waren auf Englisch, zudem galt für die gesamten vier

Wochen ein Schweigegebot: wir Teilnehmer durften uns weder anschauen oder zulächeln, geschweige denn miteinander sprechen. Lediglich zweimal die Woche traf man sich mit seinem Lehrer oder seiner Lehrerin, um einen kurzen Zwischenbericht über die jeweilige Meditationsphase, in der man sich gerade befand, abzuliefern.

Mir machte das alles Angst, und in den ersten Tagen sehnte ich mich danach, einfach abzuhauen und mit meinem Mietwagen die Küste entlangzufahren.

Eigentlich hatte ich mich angemeldet, um meine inneren Fesseln zu lösen oder zumindest zu lockern. Nun drangen inmitten dieser schweigenden Welt all meine inneren Blockaden, Verletzungen und Unzulänglichkeiten massiv an die Oberfläche und machten überhaupt keine Anstalten, sich zu verflüchtigen. Ich schlief schlecht, konnte auf dem Meditationskissen nicht stillhalten, und mein Körper fühlte sich wie ein harter Holzklotz an, so verspannt waren seine Muskeln. Ich war nahe am Verzweifeln und fühlte mich inmitten der Stille, die mich umgab, einsam und verlassen.

Jeden Abend hielt einer der acht Lehrer, die den Kurs leiteten, einen Vortrag in der großen Meditations- halle. Am Anfang der zweiten Wo- che – ich fühlte mich immer noch wie durch den Fleischwolf gedreht, so verspannt waren Nacken, Schul- tern und Rücken – betrat James das Podium. Bevor er zu sprechen begann, ließ er seinen Blick liebe- voll und mitfühlend über die Köpfe der mehr als 100 Teilnehmer schweifen. Dann fragte er uns, ob wir okay wären. Leises Gelächter ertönte hie und da.
Im Laufe seines Vortrages zählte James all jene Dinge auf, die mich im Moment auch plagten. Er be- richtete von seinen eigenen schwe- ren Erlebnissen als Teilnehmer mehrwöchiger Meditationskurse: vom Schmerz, von der Angst, den Verspannungen. Mir wurde leichter ums Herz und ich konnte regel- recht spüren, wie ein kollektives Aufatmen durch die Halle ging. James riet uns an jenem Abend zu folgender kleiner Meditation, die ich heute noch gelegentlich in Situationen anwende, die sich ein- engend beziehungsweise in gewis- sem Sinne ausweglos anfühlen.

Übung: Es ist okay!

✳ Jedes Mal – sei es beim Meditie- ren oder im Alltag –, wenn Sie das Gefühl haben, sich innerlich oder äußerlich nicht »befreien« zu kön- nen, sagen Sie im Stillen zu sich selbst die Worte: »Es ist okay!«

Ähnlich wie Jonas, der junge Vater in unserer Geschichte auf Seite 138, der sich mit beruhigenden Worten da- von abhält, sich gestresst und aggres- siv zu verhalten, signalisieren wir damit unserem Herzen, dass es sich ent- spannen darf, egal wie unangenehm die jeweilige Situation gerade ist. Es ist okay, dass die Schultern ver- spannt sind. Es ist okay, in diesem Moment Angst zu haben. Es ist okay, Wut und Ärger zu spüren. Es ist okay, keinen Plan zu haben und nicht zu wissen, wie es weitergehen soll. Dieses Okay, dieses Ja-Sagen, signa- lisiert Körper und Geist, dass Sie die Situation so annehmen, wie sie gerade ist. Sie geben sich dem Hier und Jetzt bedingungslos hin, auch wenn es noch so unangenehm ist. So kann sich alles, jedes Gefühl, jede Emotion und jede Verspannung, zeigen, ohne verdrängt zu werden. Das heißt nicht, dass der Schmerz, ob emotional oder auf den Körper bezogen, für immer verschwindet – mitunter tut er das sogar! –, aber er hat die Chance, milder und erträglicher zu werden.

Dieses »Sich-hinein-Entspannen« in das Unangenehme genauso wie ins Angenehme, schlichtweg in alles, was das Leben für uns bereithält, ist der Schlüssel für einen entspannten und befreiten Umgang mit unseren Erfahrungen. Wir geben den Widerstand,

Unendliche Gelassenheit

Nach außen hin ist jede einzelne Buddhastatue, die wir kennen, der Inbegriff von Gelassenheit, und denken wir an die großen Lehrer unserer Zeit, zum Beispiel an den Dalai Lama oder an den vietnamesischen Zenmeister Thich Nhat Hanh, dann bringen wir mit ihnen kaum Stress und Verspannung in Verbindung. Menschen, die dem

»Wo immer du bist – sei dort.«
Zen-Spruch

einen der größten Stressfaktoren überhaupt, auf und lassen uns mutig auf etwas ein.

Das heißt nicht, dass wir keine Entscheidung mehr zu unserem Wohlergehen treffen können, im Gegenteil, durch das liebevolle Sich-Hinwenden und durch das Annehmen werden wir flexibler und weicher; unsere Entscheidungen sind dann geprägt von Weisheit und Liebe und nicht mehr von Abwehr und Angst.

»Wenn wir weicher werden, wird auch die Welt weicher.«
Michael Glickman

Dalai Lama begegnet sind, berichten übereinstimmend von dessen großer Gelassenheit und der grenzenlosen Freundlichkeit, die er anderen Lebewesen gegenüber an den Tag legt. Aus eigener Erfahrung kann ich das Gleiche von Thich Nhat Hanh berichten, der zudem eine unglaubliche Ruhe und Sanftheit ausstrahlt.

Ich habe auf Seite 139 bereits kurz von den Brahmaviharas, den vier himmlischen Verweilzuständen, erzählt: liebende Güte (Metta), Mitgefühl (Karuna), Mitfreude (Mudita) und Gelassenheit (Upeksha). Upeksha ist genau jene Gelassenheit, die einen

Buddha, also einen »Erwachten«, ausmacht. Diese vier Geisteshaltungen bilden die Grundlage für ein friedliches Miteinander hier auf Erden, aber auch für unser Innenleben.

Wenn wir uns liebevoll, freudig, erfüllt von Mitgefühl und mit zärtlicher Gelassenheit uns selbst und unserem Herzen zuwenden, findet Heilung und letztendlich auch Befreiung statt.

»In steter Veränderung ist diese Welt. Wachstum und Verfall sind ihre wahre Natur. Die Dinge erscheinen und lösen sich wieder auf. Glücklich, wer sie friedvoll einfach nur betrachtet.«
Buddha

Übung: Gelassenheitsmeditation

Grenzenlose Gelassenheit kann man tatsächlich üben, auch wenn das vielleicht, wie so vieles in unserem irdischen Dasein, eine lebenslange Herausforderung darstellt und wir immer wieder von Neuem damit beginnen müssen.

Bei der Gelassenheitsmeditation arbeiten wir, wie bei den anderen Brahmaviharas auch, mit sogenannten Wunschgebeten, also mit bestimmten Sätzen, auf die wir unseren Geist und unser Herz ausrichten.

✳ Begeben Sie sich für die Meditation an einen ruhigen Ort, an dem Sie nicht gestört werden können. Sie können in einer klassischen Meditationshaltung, zum Beispiel im Schneidersitz, auf dem Meditationskissen üben, dies ist aber nicht zwingend nötig. Wichtig ist lediglich eine aufrechte, aber entspannte Körperhaltung, bevorzugt im Sitzen.

✳ Schließen Sie die Augen und richten Sie Ihre Aufmerksamkeit auf den Fluss des Atems. Beobachten Sie zum Beispiel, wie sich beim Ein- und Ausatmen die Bauchdecke hebt und senkt. Verweilen Sie dort mit Ihrer Aufmerksamkeit so lange, bis Ihr Geist ruhiger wird.

Der Atem ist Ihr Anker und zugleich der Hafen, zu dem Sie immer wieder zurückkommen können. Er hilft Ihnen dabei, sich zu erden und den stets beschäftigten und umherirrenden Geist zu beruhigen und zu stabilisieren.

* Wenden Sie sich dann Ihrem Herzen beziehungsweise dem Brustkorb zu. Versuchen Sie, mithilfe Ihrer Fantasie jenen Raum zu visualisieren, aus dem Liebe strömt und der Liebe empfängt – den Herzensraum. Verweilen Sie auch dort so lange, bis sich ein Gefühl des »Genährtseins« einstellt.

* Falls das nicht auf Anhieb klappt, können Sie eine Zeit lang im Stillen die vier Metta-Sätze, die Sie auf dem Weg der Liebe bereits geübt haben (Seite 116), zu sich selbst sprechen:

  »Möge ich glücklich sein.«
  »Möge ich frei sein von inneren und äußeren Gefahren.«
  »Möge ich gesund sein.«
  »Möge ich heiter und gelassen durchs Leben gehen.«

* Gehen Sie dann mit Ihrer Aufmerksamkeit weiter nach oben zu jenem Punkt zwischen Ihren Augenbrauen, der das sogenannte Dritte Auge symbolisiert. Stellen Sie sich vor, wie Sie auf einer erhöhten Aussichtsplattform sitzen, beispielsweise auf dem Gipfel eines hohen Berges, und alles von oben betrachten.

* Halten Sie den Fokus locker und spielerisch auf dem Dritten Auge. Visualisieren Sie gleichzeitig einen weiten, klaren Raum, dem Himmel ähnlich, der sich unendlich vor

Ihnen ausdehnt. Stellen Sie sich vor, Sie seien der Buddha selbst, der die Welt von oben betrachtet, ausgestattet mit unendlicher Weisheit und Güte, wissend, dass sich trotz aller Wunschgebete alles immer wieder verändert – dass auf Glück unweigerlich Leid folgt, dass nichts unserer Kontrolle unterliegt und dass einzig und allein das Vertrauen auf den Fluss des Lebens uns Sicherheit und Halt geben kann.

✳ Sprechen Sie dann im Stillen Sätze wie:
»Ich nehme die Dinge so an, wie sie sind.«
»Ich trete dem Leben, wie immer es sich auch entfaltet, gelassen entgegen.«
»Ich bin im Frieden mit dem, was gerade ist.«
»Ich weiß, dass sich das Leben unabhängig von meinen Wünschen entfaltet, und bewahre dabei stets Gelassenheit.«

Wichtig ist, dass Sie für die Meditation nur *einen* Satz auswählen. Sie können aber auch einen Satz mit eigenen Worten formulieren.

✳ Wiederholen Sie diesen Satz innerlich immer wieder. Werden Sie dabei nicht mechanisch, sondern versuchen Sie jedes Mal nachzuspüren, wie sich die Gelassenheit tief in Ihrem Inneren anfühlt. Falls nebenher Gefühle wie Angst oder Abwehr auftauchen, registrieren Sie diese freundlich und ohne Ablehnung, und kehren Sie dann zu Ihrem Satz zurück.

Upeksha, der grenzenlose Gleichmut dem eigenen Herzen, aber auch Freund und Feind gegenüber, ist nicht zu verwechseln mit Gleichgültigkeit. Es ist jene zärtliche Gelassenheit, die weder anhaftet noch trennt und die doch mit allem in Liebe verbunden ist.

✳ Beenden Sie die Meditation nach etwa 10 Minuten mit einigen bewussten Atemzügen; nach einer gewissen Zeit und regelmäßigem Üben können Sie die Meditationszeit beliebig erhöhen.

»Loslassen bedeutet, das Leben als Leben zu akzeptieren – als etwas nicht Greifbares, als etwas Freies, Spontanes und Grenzenloses.«
Zenspruch

Der tanzende Koch

Ich arbeite regelmäßig als Köchin in einem kleinen Münchner Café. In der Gastronomie zu arbeiten ist kein Zuckerschlecken. Die Arbeit ist körperlich hart und sehr stressig. Während der Stoßzeiten, zum Beispiel zur Mittagszeit, wenn eine Bestellung nach der anderen reinkommt, weiß ich manchmal kaum, wo mir der Kopf steht. Zudem ist der Ton oft rau, auch wenn es von uns allen eigentlich gar nicht so gemeint ist, aber die Hektik fordert ihren Tribut. Der innere Druck muss raus und sucht sich im Verbalen ein Ventil. Nach getaner Arbeit brennen die Füße, die Beine fühlen sich an wie nach einem Marathonlauf und der ganze Körper riecht nach Schweiß und Küchendämpfen. Oft fallen mir schon auf dem Fahrrad beim Heimfahren fast die Augen zu und zu Hause krieche ich hundemüde ins Bett. Die Geschichte vom tanzenden Koch hat mir eine Freundin erzählt. Seitdem muss ich, wenn es in der Küche mal wieder besonders hoch hergeht, immer an ihn denken. Seine entspannte Einstellung zur Arbeit unter Hochdruck ist so ganz anders, als wir sie normalerweise kennen.

Besagter Koch arbeitete in einem Restaurant, das sich auf Gegrilltes aller Art spezialisiert hatte. Die Küche war zum Gastraum hin offen und die Gäste konnten an langen Tresen sitzen und den Köchen beim Braten zusehen. Neben den riesigen, heißen Grillstationen und den offenen Feuerpfannen bedienten die Angestellten zusätzlich große Backöfen, die ständig mit Kartoffeln und anderem Gemüse zum Rösten befüllt werden mussten. Spüler bearbeiteten im Hintergrund Berge von dreckigem Geschirr, und eine Handvoll Salatköche bereitete mit flinken Fingern Beilagensalate und Antipasti zu. Auf Außenstehende wirkte das Ganze recht chaotisch und turbulent.

Sah man jedoch genauer hin, dann bemerkte man schnell, dass sich alles um diesen Chefkoch drehte, der in seiner Küche wie ein vielarmiger Tintenfisch schaltete und waltete. Der Koch bewegte sich scheinbar mühelos und ohne große Anstrengung von einer Tätigkeit zur nächsten. Seine Bewegungen gingen nahezu fließend ineinander über, die beiden Arme schienen eigenständig und voneinander losgelöst die verschiedenen Dinge zu erledigen, und trotzdem fügte sich alles zu einem einzigen harmonischen Bild zusammen.

Die Mitarbeiter in der Küche, aber auch die Kellner und Kellnerinnen im Gastraum, bewegten sich um diesen Mann herum wie die Planeten um ihre Sonne; es herrschte eine hochkonzentrierte, aber keinesfalls hektische oder gar angespannte Atmosphäre, die unterschwellig auf das Tun des Chefs ausgerichtet war. Das Gesicht des Kochs blieb stets glatt und entspannt, nicht die winzigste Sorgen- oder Zornesfalte war zu sehen. Seine Lippen, der Kiefer, die Stirn und die gesamte Augenpartie waren locker und weich. Der ganze Mann strahlte Wohlbefinden, Leichtigkeit und Zufriedenheit aus. Man konnte regelrecht sehen, wie er jede Bewegung fühlte und genoss – wie ein vollendeter Tänzer.

Meine Freundin berichtete mir, dass sie mehrmals hintereinander in dieses Restaurant ging, nur um dem Koch beim »Tanzen« zuzusehen. Stets bot sich ihr das gleiche Bild von einem Mann, der ohne Hast und mit großer Geschicklichkeit und Freude seine Arbeit erledigte.

Die Arbeit tanzen

Kreativität, wie auch immer sie geartet ist, entspringt stets einem entspannten Geist, denn nur ein frischer, entspannter Geist bietet den Nährboden und somit auch die nötige innere Weite, aus der heraus kreatives Schaffen entstehen kann. Sobald wir mit Anspannung und in einer Haltung der Abwehr unserem Beruf nachgehen, kreieren wir einen Ort, an dem Leid und Stress vorherrschen.

Viele Menschen üben Berufe aus, die ihnen keinen Spaß machen und sie geistig einengen. Sie sehen oft keinen Sinn in dem, was sie tun, und sehnen sich nach einer Berufung, also nach einer Arbeit, die sie erfüllt und die ihre Existenz sichert.

Burn-out, Depressionen und Angststörungen, die modernen Folgen von Schnelllebigkeit, Stress, Ausbeutung und Unterbezahlung, häufen sich alarmierend in den letzten Jahren. Doch was tun, wenn es uns aus finanziellen oder familiären Gründen nicht möglich ist, uns aus dem derzeitigen Job zu befreien, um unserer eigenen Berufung nachzugehen, oder wenn uns schlichtweg keine andere, sinnvollere Tätigkeit einfällt, die wir ausüben könnten? Wie können wir also in der *jetzigen* Situation zum »tanzenden Koch« werden und uns von Widerstand und Abwehr befreien?

Übung: Achtsamkeit am Arbeitsplatz

Was den Koch in unserer Geschichte so besonders machte, waren seine fließenden Bewegungen, an denen er anscheinend große Freude hatte. Freude entspannt den Körper – und den Geist! Um diese Freude empfin-

den und kultivieren zu können, braucht es Achtsamkeit. Selbst in sitzenden Berufen – am Schreibtisch vor dem Computer – bewegen wir uns ständig: die Finger hasten über die Tastatur, die Hand greift zum Telefon, wir stehen auf und setzen uns wieder. All diesen Bewegungen schenken wir wenig bis überhaupt keine Beachtung; sie laufen in der Regel unbewusst ab. Aber ähnlich wie bei der Gehmeditation, die Sie auf Seite 147 kennengelernt haben, können Sie Ihre Aufmerksamkeit ganz bewusst auf diese alltäglichen Bewegungsabläufe lenken – zumindest gelegentlich.

✳ Richten Sie Ihre Aufmerksamkeit zunächst auf einzelne Handgriffe, zum Beispiel auf das morgendliche Anschalten Ihres Computers. Beobachten Sie genau, was in Ihrem Körper passiert: Wie fühlt sich die Oberfläche des Geräts an? Können Sie den Einschaltknopf unter Ihrer Fingerkuppe spüren? Wie bewegen sich die Finger über die Tastatur? Welche Körperhaltung nehmen Sie ein?

Der vietnamesische Zenlehrer Thich Nhat Hanh spricht zum Beispiel immer wieder von der »Köstlichkeit« eines einzigen Schrittes. Ich konnte ihn lange nicht verstehen, denn für mich war ein Schritt einfach nur zweckorientiert und banal.

Doch je mehr ich die Achtsamkeit in mein Leben ließ und viele (wenn auch noch bei Weitem nicht alle) meiner Bewegungen mit ihrer Hilfe genauer untersuchte, desto öfter stellte sich eine Art Glücksgefühl ein, frei von Ablehnen oder Anhaften.

Es ist tatsächlich »köstlich« und eine große Freude, den Körper beispielsweise beim Aufstehen von einem Stuhl zu beobachten: diese fein aufeinander abgestimmten Bewegungen, die winzigen Impulse und sein intuitives Wissen, was zu tun ist, ohne dass man wirklich darüber nachdenken muss – ein Wunder der Natur.

Das Geheimnis des »tanzenden Kochs« ist vor allem die Liebe zu seinem Beruf, aber einen großen Anteil an dieser Liebe hat bestimmt auch seine immense Freude an den einfachen, aber reibungslosen Bewegungen, die sein Körper während der Arbeit vollbringt. Wie ein Fisch im Wasser bewegt er sich frei und natürlich inmitten seines Elements.

✳ Richten Sie den Fokus immer wieder neugierig auf kleine, alltägliche Körperbewegungen und die damit einhergehenden Empfindungen.

Je öfter Sie das tun, desto leichter wird es Ihnen fallen, selbst die langweiligsten und eintönigsten Arbeiten mit einer gewissen Freude zu erfüllen. Abwehr und Widerstand verschwinden und machen Zuwendung, also Hinwendung im wörtlichen Sinn, und Entspannung Platz.

Dazu stellt sich bei regelmäßigem Üben noch ein wundervoller Nebeneffekt ein: Sie lernen die Dinge, die Sie täglich benutzen, wieder mehr zu schätzen. Durch das bewusste Berühren der Alltagsgegenstände stellen Sie einen tieferen Kontakt her, der Dankbarkeit für alle Gegenstände, die uns das Leben und die Arbeit erleichtern, aufkeimen lässt. Um innere Fesseln und Anspannungen liebevoll sprengen zu können, kann Dankbarkeit von sehr großem Nutzen sein, denn sie verweist stets auf die positiven Aspekte des Lebens, und wenn sie noch so im Verborgenen liegen. Aus dem Positiven können wir viel Kraft schöpfen.

Der Affe in dir

*Eines Abends ging ich mit guten
Freunden in die Disco, und einer
von ihnen forderte uns zu einem
Wettbewerb heraus: Jeder sollte sich
beim Tanzen zum totalen Affen
machen. Sieger würde, wer nicht
am schönsten tanzte, sondern besonders blöd und dämlich.
Als ich an der Reihe war, merkte ich
plötzlich, wie mir das Herz bis zum
Hals schlug. Sich ganz bewusst zum
Affen zu machen stellte sich als
größere Mutprobe heraus, als ich
zuerst gedacht hatte. Wie wichtig
war es mir doch, anderen zu gefallen, vor allem aber, nicht unangenehm aufzufallen!
Irgendwann jedoch ließ ich alle
Hemmungen los und tanzte so
dämlich wie nie zuvor in meinem
Leben. Schon bald fühlte ich mich
innerlich befreit – es war, als hätte
ich wahre Eisenketten abgesprengt.
In mir tobte ein mächtiges Glücksgefühl. Wir tanzten den ganzen
Abend »schön blöd« weiter, und zu
guter Letzt wurde ich zur Siegerin
gekürt. Noch Tage später fühlte ich
mich ungewohnt beschwingt und
von einer subtilen Last befreit.*

Übung: Sich frei-tanzen

Über das Leben des historischen
Buddha ist so gut wie nichts bekannt.
Wir wissen also nicht, wie der Alltag
des Erwachten im Detail ausgesehen
hat, aber ein großer Tänzer ist er sicher nicht gewesen. Es existieren
nämlich keine überlieferten Praxisan-
leitungen des Buddha in Sachen
Musik und Tanz, aber vielleicht hätte
ihm ein ausgelassenes Tänzchen
auch gefallen, wer weiß.
Der Buddha hat stets darauf hinge-
wiesen, man solle seinem eigenen
inneren Weg zur Befreiung folgen,
denn für ihn waren seine Lehren nie
das alleinige Nonplusultra.
Die Hauptsache ist seines Erachtens,
dass wir auf unserem Weg weder uns
selbst noch anderen schaden – und
dass wir unser Ziel, uns von Leid und
Schmerz zu befreien, um dafür Liebe,
Weisheit und Mitgefühl Platz zu machen, dabei nicht aus den Augen verlieren. Selbstvergessen und ohne die
Absicht, anderen zu gefallen, zu tanzen, befreit uns, wenn auch vielleicht
nur für kurze Zeit, von unserem über-
mächtigen Ego, das stets darauf aus
ist, gespiegelt zu werden und sich in

einem guten Licht zu präsentieren. Die Anforderungen, zum Beispiel perfekt zu sein oder gut auszusehen, die unser Ego tagtäglich an uns stellt, versetzen uns oft, ohne dass wir es bewusst wahrnehmen, in Stress und Anspannung.

✳ Ihre Übung besteht darin, die Musikanlage zu Hause laut aufzudrehen und frei draufloszutanzen.

✳ Wenn Sie sich sehr mutig fühlen, dann gehen Sie mit guten Freunden in die Disco und machen es wie meine Freunde und ich.

✳ Achten Sie während des Tanzens immer auch auf die negativen inneren Stimmen, die sich vielleicht zu Wort melden: »Wie sieht das denn aus?! Du machst dich ja zum Affen! Das ist ja peinlich! …« Bemerken Sie diese Spaßverderber, aber lassen Sie sich nicht beirren. Tanzen Sie einfach weiter, als würde niemand zusehen.

Vielleicht sind Sie nach der Tanzübung so richtig außer Atem gekommen? Oft nehmen wir unseren Atem nur in Ausnahmesituationen wirklich wahr, zum Beispiel bei körperlicher Anstrengung oder wenn wir krank sind. Den Rest der Zeit atmet unser Körper ganz allein vor sich hin und hält ihn dadurch am Leben. Wir müssen uns überhaupt nicht darum kümmern.

Der Atem, mein Leben

Mein allererster Besuch in einem Zenkloster vor über zehn Jahren war gekoppelt an ein »Atemseminar«, in dem explizit auf eine wichtige Lehrrede des Buddha über das achtsame Atmen eingegangen wurde. Aus der ganzen Welt reisten damals Hunderte von Menschen an, um in Plum Village, unweit von Bordeaux, den Ausführungen des vietnamesischen Zenlehrers Thich Nhat Hanh zum Thema Atem zuzuhören. Der Kurs war auf drei Wochen angelegt, und wir Teilnehmer hatten im Grunde nichts anderes zu tun, als zu atmen und den Worten des Meisters zu lauschen. Nichts leichter als das, dachte ich zunächst, doch schon am zweiten Tag beschlich mich ein eigenartiges Gefühl: Ich hatte Angst.

Jedes Mal, wenn Thich Nhat Hanh seine Meditationsanweisungen gab, zog sich etwas in mir mit einem Gefühl des Unwohlseins zusammen. Ich konnte und wollte mich nicht auf meinen Atem konzentrieren – und war selbst überrascht. Immer, wenn ich es versuchte, tauchte ich in eine ungewohnte Stille ein, die den Atem begleitete, und diese Stille

nur auf eines zu konzentrieren; ohne Ablenkung brachen verdrängte Ängste und Anspannungen ungefiltert an die Oberfläche.

Nach einer Woche sprach mich eine freundlich lächelnde Nonne an: »Dir geht es nicht gut, gell?«, fragte sie und legte sanft ihre Hand auf meinen Arm. Sofort traten Tränen in meine Augen.

»Ich atme ein und bin mir meines Einatmens bewusst. Ich atme aus und lächle.«

Thich Nhat Hanh

war schwer auszuhalten. Ich war es schlichtweg nicht gewohnt, mich ganz und gar auf mich und meinen Körper einzulassen.

Ich war mir selbst, ohne es bemerkt zu haben, im Laufe der Zeit fremd geworden. Hektik und Stress in Alltag und Beruf hatten klammheimlich ihren Tribut gefordert, und nun sollte ich plötzlich nichts anderes tun, als meinen Atem zu beobachten. Mein Geist reagierte sehr ungehalten darauf, all seine Geschichten und Kapriolen loszulassen und sich

»Nein, mir geht es gar nicht gut!«, antwortete ich. »Ich kann nicht atmen. Ich spüre meine Atemzüge nicht, wenn ich mich darauf konzentriere. Ich fühle nur Panik, Unruhe und Unsicherheit.«

Wir hatten uns unter eine Pappel gesetzt. Ich schämte mich und ließ den Blick übers Gelände schweifen. Die Nonne saß still neben mir und atmete – was sollte sie auch sonst tun? Ich wurde langsam ruhiger. »Wenn du nicht atmen könntest, dann wärst du doch tot, oder?«, fragte sie plötzlich leise und sah mich dabei verschmitzt von der Seite an. »Mach nicht so eine große Geschichte daraus. Atme ein und sei dir bewusst, dass du einatmest. Atme aus und mache dir dein Ausatmen bewusst. Das ist alles. Es ist ganz normal, dass sich Angst und Unsicherheit zeigen, denn dein Atem wurde von dir lange vernachlässigt. Es macht deinem Geist Angst, dass du dich plötzlich nicht mehr nur auf ihn konzentrierst. Lächle diesen unangenehmen Gefühlen zu, und dann atmest du einfach weiter.« Sie strich mir zärtlich über den Rücken. »Einatmen und ausatmen, das ist der ganze Trick.« Ich blieb allein zurück. War das Ganze tatsächlich so easy? Einfach nur atmen? Ich beschloss, es auf einen Versuch ankommen zu lassen. Mir konnte ja im Grunde nichts passieren. In den kommenden Tagen sah ich die nette Nonne nur aus der Ferne, und doch war sie wie ein Anker für mich. Ihr Anblick erinnerte mich stets daran, dass ich einfach »nur« atmen musste.

Meine letzte Woche in Plum Village verbrachte ich schließlich in Frieden mit mir selbst. Ich beobachtete das Kommen und Gehen meines Atems, ja ich entwickelte sogar so etwas wie Forscherdrang. Plötzlich empfand ich es als spannend, den Prozess des Atmens und die damit einhergehenden Empfindungen des Körpers genau zu betrachten. Nach wie vor plagten mich zwischendurch Zweifel, Versagensängste und mitunter sogar komischerweise Wut über diesen eigenartigen »Verein« mit seinen fremdartigen Meditationen, bei dem ich nun gelandet war. Doch all dies sei vollkommen normal, wie mir die Mönche und Nonnen immer wieder lachend versicherten; der Geist wehrt sich eben mit allen Mitteln, möchte er doch der unangefochtene König im Reich des Egos sein und bleiben. Am Tag der Abreise verabschiedete ich mich vom Kloster und seinen Bewohnern mit dem sicheren Wissen, einen zuverlässigen Anker im Leben gefunden zu haben: meinen Atem.

Übung: Atem-meditation

Es existieren zahlreiche unterschiedliche Atemmeditationen und es ist ratsam, zur Vertiefung der Praxis einen erfahrenen Meditationslehrer oder einschlägige Literatur zu Hilfe zu nehmen. Die folgende Übung dient als Einstieg in die wundervolle Welt des Atems.

✳ Begeben Sie sich an einen ruhigen Ort, an dem Sie nicht gestört werden können. Nehmen Sie eine aufrechte, aber entspannte Sitzhaltung ein, sodass der Atem frei fließen kann. Legen Sie sich bei Bedarf ein warmes Tuch oder eine Decke um Schultern oder Taille, damit Ihr Körper nicht auskühlt.

✳ Schließen Sie die Augen und lassen Sie sich im wahrsten Sinne des Wortes in Ihrem Körper nieder, indem Sie für ein paar Atemzüge bewusst durchatmen.

✳ Manchmal ist es hilfreich, mit der Aufmerksamkeit kurz durch den Körper zu wandern; man nennt dies Bodyscan: Sie »scannen«, beginnend bei den Füßen, die momentanen Empfindungen Ihres Körpers bis hinauf zum Scheitel. So kommt Ihr Geist zur Ruhe und kann sich leichter auf die nächste Aufgabe konzentrieren.

✳ Gehen Sie nun mit der Aufmerksamkeit zur Bauchdecke: Der Atem lässt sich anhand des Hebens und Senkens leicht beobachten. Bleiben Sie eine Weile beim schlichten Beobachten und spüren Sie, wie sich diese Bewegungen beim Atmen anfühlen.

✳ Zählen Sie nun Ihre Atemzüge während des Ausatmens: Einatmen – ausatmen und *eins,* einatmen – ausatmen und *zwei,* einatmen – ausatmen und *drei* und so weiter. Zählen Sie bis zehn und beginnen Sie wieder von vorn. Wiederholen Sie diesen Zyklus mindestens dreimal.

✳ Gehen Sie abschließend zurück zum bewussten Beobachten des Atmens – jetzt ohne dabei mitzuzählen. Wenn Sie möchten, verweilen Sie noch ein bisschen in der Stille Ihres Herzens und öffnen dann wieder die Augen.

MEIN SCHÖNSTES KONTERFEI

Wir alle kennen hektische Zeiten, in denen wir kaum zum Durchatmen kommen. Aber ich möchte darauf wetten, dass jeder Einzelne von uns auch schon schöne und entspannte Stunden erlebt hat. Es ist wichtig, sich diese immer wieder ins Gedächtnis zu rufen, um nicht vollends in Stress und Anspannung zu versinken. Ich möchte Sie nun einladen, auf dem leeren Platz links ein Foto von sich selbst einzukleben. Durchforsten Sie Ihre Alben oder virtuellen Dateien und suchen Sie nach einem Bild, auf dem Sie so richtig schön entspannt und glücklich aussehen. Das kann auch ein Foto aus Ihrer Kindheit sein. Es soll Sie stets an all die fröhlichen und gelösten Eigenschaften, die fraglos in uns schlummern, erinnern.

»*Anmut ist großer Glanz von innen.*«
Rainer Maria Rilke

Des Zenmeisters Lieblingskuchen

Der Abt eines berühmten japanischen Zenklosters lag im Sterben. Der Meister war in den letzten Jahren alt und gebrechlich geworden, und nun forderte der lange, harte Winter in den Bergen zusätzlich seinen Tribut: Eine schwere Bronchitis hatte die Lungen des Alten befallen und ließ sie nicht mehr aus ihren Klauen. Der Tod war in den schwachen Körper eingezogen.

Als die Schneeschmelze einsetzte, scharten sich die Mönche des Klosters schließlich um das Sterbebett, auf dem der Alte mit rasselndem Atem lag, und begannen mit ihren rituellen Gebeten.

»Wünschst du dir noch etwas, mein geliebter Lehrer?«, fragte einer der Brüder.

»Kuchen!«, flüsterte der Sterbende und schloss erschöpft seine Augen.

Sofort brach einer der jungen Mönche auf, um im nächstgelegenen Dorf den Lieblingskuchen des Meisters zu besorgen. Aber das Kloster lag weit abgelegen auf einem hohen Berg und der Schnee war an manchen Stellen immer noch sehr hoch. Der Mönch brauchte fast eine Woche, bis er mit der gewünschten Süßigkeit zurückkehrte, zutiefst besorgt, ob er seinen Meister überhaupt noch lebend antreffen würde. Doch als er an das Lager des Abts trat, sah er, dass dieser immer noch atmete. Der Kuchen wurde überreicht und das Gesicht des alten Mannes erstrahlte vor Wonne.

»Nun, verehrter Meister, wirst du uns ein letztes Mal deine weisen Worte zukommen lassen, bevor du uns bald verlässt?«, fragte geflissentlich einer der Schüler, nachdem der Alte den letzten Bissen geschluckt hatte. Alle Augen waren erwartungsvoll auf den Lehrer gerichtet.

Der Kranke richtete sich mühsam auf und blickte jeden einzelnen seiner Schüler liebevoll an. »Ach, war das gut!«, seufzte er – und starb.

Für einen Menschen, der sich von all seinen inneren und äußeren Fesseln befreit hat, zählt einzig und allein der gegenwärtige Augenblick, und das war im Fall des sterbenden Zenmeisters eben der Genuss eines letzten Stücks Kuchen.

Klares Sehen und Erkennen

»Verstehen – durch Stille.
Wirken – aus Stille.
Gewinnen – in Stille.«
Dag Hammarskjöld

Dieses bedingungslose Verweilen im Hier und Jetzt, das der Zenmeister aus unserer Geschichte seinen Mönchen als versteckte letzte Weisheit mit auf den Weg gegeben hat, ist nicht nur den Buddhas und Erleuchteten dieser Welt vorbehalten. Wir können diese Haltung, unter anderem mithilfe von Meditation, ebenfalls einüben.

Die Kraft der Stille

Eine der wichtigsten Attribute großer Meister ist die unermessliche Stille, die ihren Herzen innewohnt. In dieser Stille darf sich alles ungestört entfalten. Sie ist die Basis jener Gelassenheit, die ein bedingungsloses Verweilen im Fluss des Lebens erst möglich macht.

Der Stille wird in den meisten Religionen eine große Bedeutung beigemessen. Jon Kabat-Zinn, ein amerikanischer Achtsamkeitslehrer, der sich viel mit den verschiedensten Techniken zur Reduzierung von Stress beschäftigt hat, bezeichnet das Meditieren in Stille sogar als einen »radikalen Akt der Liebe zu sich selbst«. Und wer tatsächlich einmal in die eigene Stille des Herzens eingetaucht ist, gibt ihm damit Sicherheit recht.

Doch viele Menschen haben Angst vor der Stille und setzen sie mit Einsamkeit oder Langeweile gleich. Um diese Gefühle nicht spüren zu müssen, »müllen« wir die Stille dann schlichtweg zu. Wir schauen zu viel fern, verlieren uns in virtuellen Welten und einem Übermaß an Freizeitaktivitäten und arbeiten bis zum Umfallen – Stress und Anspannung sind vorprogrammiert.

So verlieren wir nach und nach den Kontakt zu uns selbst.

Die folgende Übung möchte Ihnen jene tiefe Stille, die von Geburt an in jedem von uns wohnt, behutsam wieder nahebringen. Sie kann ein wichtiger Nährboden für Ihren Weg in ein befreites Leben sein.

Übung: In die Stille eintauchen

Betrachten wir eine Buddhastatue, dann spüren wir förmlich die Stille des in sich versunkenen Buddha. Um mit der eigenen inneren Stille in Kontakt zu treten – aber auch mit der »versteckten« äußeren Stille, die die Kakofonie des Lebens wie ein Netz zu tragen scheint –, ist es nötig, sich der stillen »Zwischenräume« bewusst zu werden. Kein Laut, kein Gedanke und kein Klang ist dauerhaft: Alle beginnen irgendwann und irgendwo und enden wieder, um dann vielleicht erneut einzusetzen. Auf diese stillen Momente zwischen Ende und Neubeginn legen wir in dieser Meditation den Fokus.

* Begeben Sie sich an einen ruhigen Ort, an dem Sie nicht gestört werden. Setzen Sie sich so aufrecht wie möglich hin und versuchen Sie zugleich, den Körper zu entspannen. Schließen Sie die Augen und beobachten Sie ein paar Atemzüge lang das Heben und Senken der Bauchdecke, bis sich Ihr Geist beruhigt hat.

* Öffnen Sie sich nun dem »offenen Gewahrsein«: Schenken Sie jedem Moment im Hier und Jetzt in Ruhe Ihre ganze Aufmerksamkeit.

Offenes Gewahrsein bedeutet, dass wir uns dem Fluss des Lebens hingeben, ohne es zu beurteilen und ohne bewusst einzugreifen. Nehmen wir in einem Moment das Heben und Senken der Bauchdecke wahr, bemerken wir im nächsten das Pfeifen eines Vogels. Dann schmerzt unser Bein und wir betrachten dieses Phänomen, bis vielleicht ein leichter Windhauch über das Gesicht streift und wir unsere Aufmerksamkeit dorthin lenken.

* Verweilen Sie eine Zeit lang in diesem Raum des Gewahrseins, in dem alles kommt und auch wieder geht, ohne sich in die Empfindungen und Erfahrungen, die Sie erleben, zu verstricken. Bleiben Sie der stille Beobachter.

✱ Nehmen Sie nach einer Weile auch Ihre Gedanken mit in die Meditation hinein und betrachten Sie das Kommen und Gehen dieser flüchtigen Gebilde. Versuchen Sie, weder die Gedanken festzuhalten noch »aufzuspringen«, um sich von ihnen mitreißen zu lassen, sondern bleiben Sie lediglich der Zeuge Ihres Denkens.

flüchtigen Raum zu bekommen, ohne ihn aber künstlich verlängern oder gar festhalten zu wollen.

Je öfter Sie diese Übung praktizieren, desto sensibler wird Ihr Geist für diese hauchfeinen, stillen Zwischenräume. Gehen Sie spielerisch an die Sache heran und variieren Sie sie, indem Sie zum Beispiel den Fokus für eine Weile

> ## »In der vollkommenen Stille hört man die ganze Welt.«
> ### Kurt Tucholsky

Je feiner Ihre Wahrnehmung wird, desto klarer können Sie erkennen, dass jeder Ton, jede Körperempfindung, jede Sinneswahrnehmung und jeder Gedanke einen Anfang und ein Ende hat. Alles ist in ständiger Veränderung und Wandlung begriffen.

✱ Richten Sie nun Ihren Fokus auf das jeweilige Ende eines Geschehens und betrachten Sie den Raum, der sich unmittelbar danach auftut, bevor die nächste Erfahrung oder Empfindung um Ihre Aufmerksamkeit heischt. Versuchen Sie, ein Gespür für diesen

ganz auf das Hören richten. Ein Ton verklingt – Stille – der nächste Klang ertönt. Oder Sie konzentrieren sich ganz auf Ihren Körper, indem Sie auf die Entspannung beziehungsweise auf die Ruhe achten, die sich zwischen zwei Empfindungen, zum Beispiel Schmerz oder Juckreiz, einstellt. Experimentieren Sie mit der Stille.

✱ Richten Sie zum Ende der Meditation die Aufmerksamkeit noch mal auf Ihren Atem und nehmen Sie zwei, drei Atemzüge lang das Heben und Senken der Bauchdecke wahr, bevor Sie die Augen öffnen.

Richtlinien fürs Herz

In der finalen Übung dieses Buches werden wir uns bei unseren Fesseln bedanken. Zuvor aber möchte ich Ihnen noch einmal eine persönliche Liste, nämlich meine eigenen Richtlinien fürs Herz, an die Hand geben. Sie fasst die wichtigsten Punkte zusammen, die es braucht, um entspannt, selbstsicher und vor allem liebevoll mit sich selbst umzugehen (siehe Kasten). Je mehr Sie davon verinnerlichen und beherzigen, desto leichter wird sich Ihr Innerstes anfühlen und desto freier werden Sie Ihr eigenes Leben gestalten können.

Nur ein entspanntes Herz kann grenzenlos lieben. Entspannt und befreit kann ein Herz sein, das gelernt hat, sich dem Fluss des Lebens bedingungslos anzuvertrauen. Dazu gehört auch, unangenehme Dinge zu akzeptieren und das Beste daraus zu machen. Jeder erlittene Schmerz – und jede Fessel – birgt auch Positives in sich; wir können daraus lernen und daran wachsen. Es ist an uns, dieses verborgene Geschenk aufzuspüren und wertzuschätzen.

Richtlinien fürs Herz

1. BEWAHRE DIR DEINE TRÄUME.
2. VERTRAUE DEINEN INSTINKTEN UND DEM BAUCHGEFÜHL.
3. SAGE, WAS DU DENKST, ABER WERDE DABEI NICHT VERLETZEND.
4. SPRICH NIEMALS SCHLECHT ÜBER DICH SELBST.
5. SEI FREUNDLICH ZU DIR.
6. VERSUCHE NICHT, ANDEREN ZU GEFALLEN – BLEIB DIR STETS TREU.
7. HAB KEINE ANGST, NEIN ZU SAGEN.
8. HAB KEINE ANGST, JA ZU SAGEN.
9. LASS LOS, WAS DU NICHT KONTROLLIEREN KANNST.
10. LASS DEINE INNEREN DRAMEN LOS.
11. VERABSCHIEDE DICH VON ALLEM NEGATIVEN.
12. LIEBE!

Übung: Danke, liebe Fessel!

Vor fast 20 Jahren nahm ich an einer Gruppentherapie teil, die sich »Psychodrama« nannte und in der die Teilnehmer ihre Probleme kreativ – zum Beispiel durch Rollenspiele – bearbeiteten. Eines Tages trug ich einen inneren Konflikt vor, von dem ich einfach nicht loskam. Die Therapeutin riet mir dieses Mal nicht zu einem Rollenspiel, sondern dazu, mich bei meinem Konflikt schriftlich zu bedanken. Die Wirkung dieser Übung war enorm. Ich lernte, den tieferen Sinn dahinter zu erkennen, dadurch den Konflikt, also meine Fessel, als »Lernhilfe« für mein weiteres Leben zu würdigen und ihm dafür dankbar und respektvoll zu begegnen. Diese neue Sichtweise half mir letztendlich loszulassen.

✳ Bedanken Sie sich zum Abschluss ausführlich bei Ihrer Fessel oder Ihren Fesseln und zollen Sie ihnen Ihre Anerkennung dafür, dass sie Ihnen als treue, wenn auch unangenehme Helfer auf Ihrem Weg zur Seite standen – und erlauben Sie ihnen dann zu gehen!

✳ Lassen Sie sich beim Schreiben genügend Zeit, um noch mal alle Aspekte Ihrer Fesseln – oder wie auch immer Sie Ihre inneren Blockaden und Schmerzzustände nennen wollen – zu erkennen. Nehmen Sie ein extra Blatt Papier zur Hand, falls der vorgegebene Platz im Kasten nicht ausreicht.

LIEBE FESSEL,

ICH DANKE DIR FÜR ...

....

....

....

....

....

....

....

»Die Meister beobachten die Welt, vertrauen aber ihrer inneren Sehkraft. Sie lassen die Dinge kommen und gehen. Ihr Herz ist offen wie der Himmel.« Laotse

» Verspannung und Verhärtung, ob im Körper, Herzen oder Geist, entsteht immer dann, wenn wir nicht Ja, sondern Nein zu Empfindungen und Erfahrungen sagen und uns gegen das stellen, was geschehen ist.

» Auch alles unter Kontrolle haben zu wollen bewirkt ein Zusammenziehen und Verhärten – und ist wahnsinnig anstrengend. Auf Dauer reagieren Körper und Geist auf diesen Kontrollanspruch und die Abwehr des Lebens mit Krankheit, Anspannung und Erschöpfung.

» Ohne Übung sind wir den Kapriolen unseres Geistes ausgeliefert: Er springt wie ein Affe von Liane zu Liane, er plant, verwirft, träumt, lehnt ab, begehrt – ohne Unterlass. Allein die Vorstellung ist anstrengend.

» Geistige Entspannung im Sinne des Buddha bedeutet, das Äffchen mithilfe von Meditation liebevoll zu zähmen, damit es zur Ruhe kommen und sich aus seinem selbst gezimmerten Gefängnis befreien kann. Nur so werden auch der Körper Ruhe und das Herz Frieden finden.

QUINTESSENZ

»Dieses endgültige Ja-Sagen zur Welt
rückt das Herz auf eine andere Ebene des Erlebens.«
Rainer Maria Rilke

Infos & Tipps

Weiterführende Bücher und DVDs

» Allione, Tsültrim: »Die Dämonen nähren«; DVD. Nymphenburger Verlag 2013

» Bode, Sabine: Kriegsenkel. Die Erben der vergessenen Generation; Klett-Kotta Verlag 2009

» Burkart, Axel: Mit einem Satz das Leben ändern; Irisiana Verlag 2014

» Chödrön, Pema: Geh an die Orte, die du fürchtest; Arbor Verlag 2002

» Chödrön, Pema: Wenn alles zusammenbricht. Hilfestellung für schwierige Zeiten; Goldmann Verlag 2001

» Goldstein, Joseph: Vipassana-Meditation. Die Praxis der Freiheit; Arbor Verlag 2006

» Hanson, Rick: Denken wie ein Buddha; Irisiana Verlag 2013

» Kornfield, Jack: Das weise Herz. Die universellen Prinzipien buddhistischer Psychologie; Arkana Verlag 2008

» Seethaler, Susanne: Buddha für die Handtasche; Irisiana Verlag 2014

Inspirierende Menschen

» Nick Vuijicic
www.lifewithoutlimbs.org

» Francisco Varela (1946–2001)
Wissenschaftler und Freund des Dalai Lama

» Bernie Glassman
www.zenpeacemakers.org

» Thich Nhat Hanh
www.plumvillage.org

» Riya und Rupak Thapa
Waisenhauseltern
www.bhaktapurorphanhome.com

» Robert Lax (1915–2000)
amerikanischer Dichter und Einsiedler auf Patmos

» Kira Kay
www.handswithhands.com

Dieses Buch ist Suresh und seinen Geschwistern gewidmet!

Über die Autorin

Susanne Seethaler praktiziert seit 2005 buddhistische Achtsamkeitsmeditation und Vipassana (Einsichtsmeditation). Sie ist Schülerin von Thich Nhat Hanh. Die gebürtige Tegernseerin ist Autorin zahlreicher erfolgreicher Bücher zu den Themen Achtsamkeit, Bräuche und Traditionen, Kochen und Lebensvereinfachung. Susanne Seethaler kocht regelmäßig im Münchner Gartensalon und gibt landesweit Workshops zum Thema Glück und Achtsamkeit in der Küche.

Danke!

Ich danke in erster Linie meiner Zweitfamilie in Nepal, in die ich mich vom ersten Augenblick an unsterblich verliebt habe! Ein herzlicher Dank geht auch an Pille, Malina, Matti, Christoph und an meinen Wahlbruder Jan.

Quellenhinweis

Seit vielen Jahren kursieren vor allem in der westlichen buddhistischen Welt Geschichten und Anekdoten, die auf den ersten Blick mit der buddhistischen Philosophie eher wenig zu tun haben. Lehrer und Lehrerinnen bedienen sich alter überlieferter Weisheitsgeschichten oder auch eigener Erfahrungen und Erlebnisse, um ihren Schülern die Lehren des Buddha auf einer anderen, vielleicht verständlicheren Ebene näherzubringen. Viele dieser Geschichten sind schon seit Jahren im Umlauf, sodass bei manchen die ursprüngliche Quelle nicht mehr ausfindig zu machen ist.

Impressum

Der Abdruck der »Erdberührung« des Autors Thich Nhat Hanh, erschienen in: Die Heilkraft buddhistischer Psychologie, Kösel 2009, übersetzt von Ursula Richard, erfolgt mit freundlicher Genehmigung von Kösel, München.

Projektleitung: Nikola Hirmer
Redaktion und Satz: Text & Typo, Gräfelfing
Korrektorat: Susanne Schneider
Bildredaktion: Annette Mayer
Layout: *zeichenpool, Milena Djuranovic
Umschlaggestaltung und Konzeption: Geviert – Büro für Kommunikationsdesign München
Druck & Bindung: Tesinska tiskarna, a.s., Cesky Tesin
Printed in the Czech Republic

ISBN: 978-3-424-15266-1

1. Auflage 2015

Bildnachweis

Cover: Getty Images/Buena Vista Images
Innenteil: Fotos und Illustrationen: akg-images: 13 (Roland and Sabrina Michaud); Alamy: 7 (Shotshop GmbH), 71 (Tim Gainey); Corbis: 54 (Jon Hicks), 91 (Hugh Sitton), 144 (Gary Latham); Fotolia: 27 (styleuneed), 30 (Benjamin Nickel), 43 (jan stopka), 49 (graphic@get), 60 (vadimmmus), 122 (Andrea Izzotti); Getty Images: U1, 155 (Buena Vista Images), 18 (Thomas Kokta), 22 (Monthon Wa), 141 (Antony Giblin); iStockphoto: 10 (Dale Robins), 50 (webphotographeer), 57 (SumikoPhoto), 61 (skdesigns), 95 (Jeanette Zehentmayer), 150 (ShotShare); plainpicture: 104 (David Santiago Garcia); Royalty Free: 29 (Getty Images/Image Source), 44 (photocase/manun); Seethaler, Susanne: 113; Shutterstock: 9 (eAlisa), 14 (De Visu), 24, 25 (halimqd), 53 (Anna Omelchenko), 64 (Anna Subbotina), 69 (Sviatlana Sheina), 75 (Yulia Malinovskaya), 76 (Gita Kulinitch Studio), 84 (col), 88, 159 (f9photos), 98 (Maksym Dykha), 103 (puchan), 107 (iktash), 110 (apiguide), 116 (Galyna Andrushko), 113 (Rhenee Witehira), 125 (Happy Art), 129 (Chantal de Bruijne), 137 (Marylia), 143 (Miro Novak), 166 (Sky Designs), 173 (NKahler), 175 (Vixit)
Schmuckelemente: Shutterstock/blue-67design

MIX
Papier aus verantwortungsvollen Quellen
FSC® C005833
FSC
www.fsc.org

Verlagsgruppe Random House FSC®N001967
Das für dieses Buch verwendete FSC®-zertifizierte Papier *Amber graphic* liefert Arctic Paper, Kostrzyn.